敦煌彩塑纵论

学术顾问　饶宗颐　樊锦诗　柴剑虹

主　　编　常沙娜

执行主编　陈志明

常书鸿　著

CNS 湖南文艺出版社

图书在版编目（CIP）数据

敦煌彩塑纵论 / 常书鸿著 .—长沙 : 湖南文艺出版社，2022.6 (2022.8重印)
（常书鸿全集 / 常沙娜主编）
ISBN 978-7-5726-0030-2

Ⅰ .①敦… Ⅱ .①常… Ⅲ .①敦煌石窟—彩塑—研究 Ⅳ .① K879.3

中国版本图书馆 CIP 数据核字（2021）第 012460 号

敦煌彩塑纵论

DUNHUANG CAISU ZONGLUN

作　者：常书鸿
主　编：常沙娜
执行主编：陈志明
出 版 人：陈新文
监　制：曾昭来　谭菁菁
策　划：吕苗莉
统　筹：李 涓
责任编辑：吕苗莉　李 涓　邓国梁
校对统筹：黄 晓
校　对：艾 宁
书籍设计：萧睿子
排　版：百愚文化
印制总监：李 阔

出　版：湖南文艺出版社
　　　　（湖南省长沙市东二环一段 508 号 邮编：410014）
网　址：www.hnwy.net
印　刷：湖南省众鑫印务有限公司
经　销：新华书店
开　本：880 mm×1230 mm　1/32
字　数：180 千字
印　张：8
版　次：2022 年 6 月第 1 版
印　次：2022 年 8 月第 3 次印刷
书　号：ISBN 978-7-5726-0030-2
定　价：94.00 元

百折不悔敦煌魂（代序）

常沙娜

　　我的父亲，著名画家常书鸿带着他那对敦煌艺术事业无限的希望和未竟的遗憾，走完了他那充满拼搏的人生征途。但他的一生与我的成长道路却是如此地紧密相连，他一生中的坎坷成败与悲欢离合，他那锲而不舍的无私献身精神，时时都在滋养着我的心灵，深深地影响着我的人生观和艺术经历。

一

　　父亲经常说，自从他在巴黎塞纳河畔的书摊上见到伯希和的《敦煌石窟图录》，他后来的命运，也包括我们全家的生活，都与敦煌紧紧地相连，并结下了不解之缘。半个世纪以来，父亲乃至我们全家虽然先后在敦煌都经历了人间的悲欢离合，但情和魂却永系敦煌！父亲给我留下的最深刻的印象，就是不论遇到何种困难险阻，只要是他认定了的，他总是带着自信和不屈服于命运的那股犟劲（他自称是"杭铁头"），坚持着他对信仰的执着追求，并用这种精神锤炼着我，教育着我。自从我母亲不幸出走，为了敦煌的艺术事业，为了支撑这个家，照料年幼的弟弟，父亲在痛苦中毅然决定让我从酒泉的河西中学退学回千佛洞，并亲自为我安排了周密的文化学习计划，我一面承担家庭的生活重担，一面随他学习临摹壁画。他规定我每天必须早起，先练字（以唐人经书为字帖），后学法语（练习朗读法语一个小时）。他请董希文先生帮我辅导语文和西洋美术史，还请苏莹辉先生辅导我中国美术史。此外，他更要求我与大人一样每天上班去洞窟临摹壁画，并严格要求我从客观临摹着手（当时分为客观临摹、复原临摹、整理临摹），由表及里，顺着壁画原来的敷色层次来画，自北魏、西魏、隋、唐、五代、宋等朝代的代表洞的重点壁画全面临摹一遍。在临摹唐代壁画时，先让我向邵芳老师学习工笔重彩人物画法，由此给我打下了造型基础。父亲在每个环节上都必然耐心地指点，要求一丝不苟，从来不因为我年纪尚小可以比大人少画或随意些，相反，都以大人的标准和数量来要求我。每逢傍晚他也让我参加大人的行列，学会自制土黄、土红、锌白等颜料，还用矾纸、桐油油纸，以代替拷贝纸。这一切都引起了我极大的兴趣。通过对表面的客观临摹，他要求我逐渐把对壁画的时代风格、内容与形式、汉代传统与西域影响的特征的认识，从感性提高到理性。通过他的指点和董希文、潘絜兹等老师的示范，我很快就能得心应手地掌握各个不同时代不同风格的壁画的摹写。我在临摹的后期，尤对北魏、西魏、隋代的壁画产生了特殊的偏爱，很喜欢这个时期的伎乐人和力士。那些浑厚粗犷的笔触，加上"小字脸"的勾点，把神态和表情表现得具有洒脱的情趣和装饰性。父亲曾向我分析说："这与20世纪前半期法国画家鲁奥注重线条表现力的粗犷画风很有相似之处。"他借此向我介绍了欧洲各类画派的形成和特色。

二

后来，我又在沈福文先生以及来自成都国立艺专的沈先生的学生黄文馥、欧阳琳、薛德嘉的影响下，对敦煌的历代装饰图案如藻井、佛光、边饰等进行了专题的临摹。由于父亲鼓励我多方面接触和体会，从而了解整体的时代风格，由此掌握绘画的技法，在他亲自教导及其他老师的示范帮助下，我置身在敦煌这座艺术宫殿里，任我在浩瀚的传统艺术海洋中尽情地遨游。

敦煌的冬季漫长而寒冷，滴水成冰，洞窟内无法作画，父亲就利用这个临摹的淡季，组织大家在室内围着火炉画素描、速写，请来的模特儿都是当地憨厚纯朴的老乡，我也跟着大人一起学习画素描。他还利用冬季深入少数民族如哈萨克族牧民生活区体验生活，住蒙古包，骑马，吃手抓羊肉，他也利用这种机会画了一批生动有意义的速写。生活虽然艰苦，但非常充实，让我受益匪浅，许许多多的事情我至今难忘！

除了临摹画画、学习以外，我还要照顾年幼的弟弟和父亲的生活，这也迫使我获得了较强的生活能力。父亲就是这样因势利导地教育和培养着我。凡是他要求我去做的我都能愉快主动地完成，唯有早起练唐人经书体没有坚持，至今深感遗憾！

父亲那种锲而不舍的精神，使他在敦煌事业中突破一个又一个的困难。他善于将不利因素转化为有利的条件，他一方面承担着维持当时敦煌研究所的日常行政工作，一方面为争取保护敦煌石窟最基本的条件而开展对敦煌艺术的临摹研究工作，生活上还要培育未成年的子女。在西北沙漠荒山中，经济的困窘、自然环境的威胁等这一切对多年留学法国的画家、知识分子的父亲来说是难以想象的。但是父亲凭借他坚韧不拔的毅力，迎着困难一关又一关地顶了过来。他恰似当地的红柳，把根扎得很深，透过层层的沙石戈壁吸吮着有限的水分，凭着那细密的叶子，不论是严寒还是酷暑，都能转危为安，巍然挺立。

三

父亲既善于克服困难，又非常热爱生活，在困顿中寻找生活的乐趣。1946年夏，他从重庆新聘一批艺专毕业的大学生，购置了图书、绘画器材及生活必需用品，乘着新得到的美式十轮卡车，并带着我和弟弟重返敦煌。由重庆出发途经成都北上，经川北绵阳、剑阁、广元后进入甘南的天水直到兰州，经历一个多月的时间，行程1500多公里，长途跋涉，异常艰难。就在这样的条件下父亲居然提出要从重庆带上一对活鸭和一对活鹅，装在竹筐内并固定在卡车的前面，由我负责沿途喂食，同时还要照顾弟弟。很多朋友和老乡看到带着鸭鹅的卡车都觉得很奇怪，父亲却风趣地说："也让它们移居敦煌，让敦煌的老乡看看除了鸡以外还有鸭和鹅哩！"这两对鸭、鹅陪伴着我们经过千辛万苦终于到达千佛洞，并在此定居下来。来年春天即开始下蛋，繁衍生息。四月初八千佛洞正值浴佛节的庙会，热闹非凡，老乡看到已破壳而出的小鸭子，都稀奇地问道："这小鸡子咋会长出扁扁嘴？"从此，千佛洞和敦煌县就开始有了鸭群。父亲还从四川带回各种花籽播撒在千佛洞的生活区，开得最茂盛的要算是波斯菊，上寺、中寺的院内从此就盛开着红、粉、白、紫的潇洒秀丽的波斯菊，映着橙黄色的向日葵，衬托着蔚蓝的天空，把这些荒沙戈壁中的院落点缀得格外灿烂，这景色曾给我留下极深的印象。父亲爱惜着千佛洞的一草一木，自从40年代他定居敦煌后，就给千佛洞立下了规矩，每年都必须种植树木，要把树林带逐年向北延伸扩展。经过40多年的努力，新树林带已延伸到下寺一公里以外，这对改造荒沙戈壁的自然环境来说是件百年大计之举。凡在千佛洞待过的人都知道"常书鸿视树木如生命"。正因为如此，在"文革"那个年代，"造反派"批斗他时，竟然采用了高呼一次"打倒常书鸿"便砍倒一棵树给他看的手段，以此来达到更深地刺伤他老人家的目的。

四

父亲的一生是勤奋不息的一生，在我的记忆中他从来没有图过清闲安逸，而总是把自己的工作日程排得满满的。直到年老体弱、脑力不济，他才放慢了生活的节奏，但在他精神稍好时，仍在家中或病房中坚持画静物或写字，偶尔还书写格言。他多次教导儿孙们："业精于勤，荒于嬉。"而他对于敦煌艺术事业的热爱与追求，正是他始终念念不忘、奋斗不懈的精神动力！

"不入虎穴，焉得虎子"及"萨埵那太子舍身饲虎"的精神，始终激励着他，成了他工作不息的鞭策。父亲不是单纯从事创作的画家，而是有渊博学识的学者，他把中西文化与绘画史的学识，融汇在他从事了近半个世纪的敦煌艺术的研究与保护工作中。他既能高瞻远瞩，又能从最基础的工作着手，竭尽全力从残垣断壁中保护这座伟大艺术宝库中的一砖一瓦；同时还以博大胸怀，团结一批忠实于敦煌艺术事业的专家学者，更以精深的学识将敦煌艺术的保护和研究事业不断向前推进。

五

父亲是浙江杭州人，并至终乡音未改，他在西北40多年仍操着浓重的杭州口音。当他叙述起青少年时代在家乡的情景时，总是那样地依恋：如何提着个篮儿到河边去捞鱼虾，到坟堆地里翻砖砾找油黑的老蛐蛐……对于这些回忆他都讲得绘声绘色。1982年父亲有机会重返杭州参加他的母校——浙江大学85周年的校庆活动，1983年他又专门回杭州为浙大创作了一幅大型油画《攀登珠穆朗玛峰》，在此期间他又重温了他青少年时代的旧情旧景。1988年浙江美院在杭州又举办了他的个人画展，这些活动都更增加了他对家乡人的情意。但是家乡再好，父亲仍是"魂系敦煌"，当他临近九旬时竟然提出："我已老而不死，但以后死也要死到敦煌！"当时我很不以为然地说："您胡说什么呀，人家都说您半辈子都在保护敦煌菩萨，菩萨会保佑您长寿的。"他接着说："人总是要死的，如果死在北京，骨灰还是要送回敦煌的！"没想到这一席话竟真成了他至终魂系敦煌的遗愿——他是把敦煌作为维系他生命所在的"故乡"来看待的。父亲的部分骨灰也终于如愿地送回到这令他牵肠挂肚半个世纪的千佛洞。愿他伴着九层楼叮当不息的风铃与那窟群中的飞天永远翱翔！愿他与那千百年来为敦煌艺术付出心力的无数创造者一样，与敦煌的艺术永存！

父亲有过一句全家人都知晓的名言："我不是佛教徒，不相信转世，不过，如果真的再有一次托生为人，我将还是常书鸿，我还要去完成那些尚未做完的工作！我的人生选择没有错，我没有一件让我后悔的事！"

1991年6月6日，我在父亲的房间里看到他用毛笔工工整整地写了这样一段话："人生是战斗的连接，每当一个困难被克服，另一个困难便会出现。人生就是困难的反复，但我决不后退。

我的青春不会再来，但不论有多大的困难，我一定要战斗到最后！——八十八叟常书鸿"。

父亲是这样说的，也是这样做的。这就是曾被世人赞誉的"敦煌守护神"的常书鸿对人生的真实写照！

将父亲毕生之作整理出版，是我多年来的心愿。在湖南文艺出版社的持续推动下，《常书鸿全集》即将付梓问世。欣喜之情，难以言表。此时，父亲百折不悔守敦煌的一生，令我追思无限，谨以这篇旧文代序，怀念我的父亲，纪念《常书鸿全集》出版。

写于 2021 年 12 月

目
录

敦煌彩塑

一 民族传统

彩塑造像是祖国卓越的民族艺术遗产之一。

司马迁《史记》曾提到"帝乙为偶人以象天神",而刘向《战国策》就更明确地谈到"土偶"[①]。所谓"土偶",徐彝舟《读书杂释》解释为:"今俗捏土肖鬼神象貌曰塐,亦作塑。"这说明至少在2000多年前中国已经有泥塑了。辉县百泉出土的泥塑猪、羊、犬等,就是有力的实物例证。

与上述属于同一时期(战国末年到西汉初年)的文物,是1954年在长沙杨家湾发掘出来的彩绘木俑。

---

① 汉刘向《战国策》:"今者臣来,过于淄上,有土偶人与桃梗相与语。桃梗谓土偶人曰:'子,西岸之土也,埏子以为人,至岁八月,降雨下,淄水至,则汝残矣。'"

彩塑不像那些用大块石头从外向里逐渐加工雕琢而成的石刻，它是利用湿润、软和而易于操作的泥土自内而外从骨架大局一直到细腻的肌肉运动和五官表情，逐步捏塑而成的。艺术匠师们通过创造性的劳动，使造型的体积适应着创造的要求，把一切可以觉察的色、相、重量等综合地全面地体现出来，成为质体和光色相结合、"神采具足"的彩塑。它不但形象地再现了人物，而且是"随类傅色"①地刻画了人物的风采，使"默不作声"的泥塑成为"窈眸欲语"②的生动造像。

敦煌莫高窟就保存有极大数目的这种优美的彩塑。这些彩塑配置在绚烂夺目的建筑彩绘和壁画装饰着的石窟中，它们不但是彼此辉映，而且是互相依存的。如有些菩萨、天女的飘带，绕在肩上、臂上的是立体彩塑，但当延展到墙壁上之后就用同样彩色的绘画接连下去（北魏、隋、唐都有类似的例子）。唐以后彩塑菩萨的头光大体都是用壁画来表现的。有些佛龛内仅仅塑造了主要的一佛、二弟子、二菩萨、二天王，成为七身一铺，而把未经塑造的另外八个弟子及天龙八部、飞天、龙女等扈从部属绘制到墙壁上面。龛楣图案、藻井图案与石室建筑的梁枋、斗拱图案互相结合在一起。这些具体事实，生动地说明了中国古典艺术建筑、雕塑、绘画三者互相依存、密切联系的特点，这也符合中国艺术"绘塑不分"的古老传统。如北齐天统三年（567）张静儒《造浮图

---

① 宋黄休复《益州名画录》："造夹纻果子，随类傅色。"
② 唐段成式《酉阳杂俎》续集卷五《寺塔记》："有执炉天女，窈眸欲语。"

并素像记》云："在黄冈上造浮图一区，素画像容，刊石立形，释迦菩萨，妙巧班公。"这里"素画像容"，指的是彩塑，当时还没有把"素"和"画"两个造型部门分开来。唐代彩塑名家杨惠之，原先是与吴道子同时向画师张僧繇学画的，《五代名画补遗》载吴道子和杨惠之："号为画友，巧艺并著，而道子声光独显，惠之遂都焚笔砚，毅然发愤，专肆塑作，能夺僧繇画相，与道子争衡。"这里不但说明杨惠之是一个有名的彩塑专家，而且他的画，也与当时画圣吴道子"巧艺并著"。他在毅然发奋专于塑作之后，他的彩塑不但能与道子争短长，而且能夺得他的老师画像的神态。我们从这里绘、塑并论的记载可以看到当时绘画和彩塑的密切关系。宋人郭若虚写的《图画见闻志》上有论到吴道子的"吴装"特点时说："至今画家有轻拂丹青者，谓之吴装，雕塑之像，亦有吴装。"这里说明绘画的风格也同时是彩塑的风格，《广川画跋》上也说："吴生之画如塑然，隆颊丰鼻，眣目陷脸，非谓引墨浓厚，面目自具，其势有不得不然者。正使塑者如画，则分位皆重叠，便不能求其鼻目颧额可分也。"以上所引文献上的记载，正与敦煌各时代彩塑的神态、衣饰、花纹与各时代壁画人物、装饰花纹是完全一致的，情况也是相符合的。

正因为敦煌彩塑具有这样的特点，所以它们不能像那些暴露在室外、矗立在海边和沙漠中的埃及、希腊、印度等地的古代石刻纪念碑造像一样，它们是"素容绘质"[1]，成为富丽堂皇的建筑内

---

[1] 唐咸通九年夏县《禹庙创修什物记》："素容绘质，而祭之以报。"

部主要的构成部分。

二　外来影响和新的创造

两千年前当佛教从印度跨过了葱岭，沿着天山南北两路到达中国内地时，随之而产生的中国佛教艺术，也在新疆和甘肃等与中外交通有关的地区逐渐发展起来。

敦煌是古代中西文化交流的枢纽，也是 5 世纪前后中国佛教艺术在成熟的汉代艺术基础上成长和发展的中心。

按照印度石窟艺术的形制，一般是雕刻多于壁画。像阿旃陀、爱罗拉、象岛等处石窟，附在建筑物上的都是在大块岩石上开凿出来的浮雕和圆雕的造像。但作为印度佛教输入的前站——河西走廊和新疆南北两路汉代三十六国的主要地区，如鄯善、于阗、龟兹、焉耆等地，都是沙土和变质的砾岩，根本不可能凿刻石像。因此，艺术匠师们就利用传统的泥塑技术代替了石刻。

一般说来，敦煌彩塑的颜色是用随类赋色的写实方法，依据各时代、各民族的衣饰花纹，富有现实意义和民族特征地表达出来的。

一方面，敦煌彩塑的造型也在不同程度上受到外来影响。譬如部分早期作品中，还能看出犍陀罗艺术的影响。第259窟北魏塑结跏趺坐的佛像，眉、目、嘴角间生动的刻画，使整个红润端正的面部显露出感染力极其浓厚的微笑。这种微笑使人们联想到比佛像修造的年代后1100多年意大利文艺复兴时期大师达·芬奇以微笑著名的杰作《蒙娜丽莎》，但前者的微笑正如汉、魏的陶俑所常见的，似乎含有更恬静的东方民族所常有的朴质而明朗的感情。

这个造像从外表形式方面看来，它所受西北印度犍陀罗艺术影响的是佛顶的肉髻、曲线的衣褶、结跏趺的坐式等。犍陀罗地方出土的2—4世纪坐佛造像，是由印度佛教融合了希腊艺术所产生的犍陀罗风格的造像，结构散漫、体态臃肿、表情滞钝，处处都反映了希腊艺术衰退时期的特点。而敦煌第259窟坐佛严谨细致神情的刻画，健康饱满的组织结构，仿佛赋予泥土以真实的生命一般。比较起来，读者不难从两者之间辨认出敦煌艺术的民族传统与外来影响的从属关系，也就是中国佛教艺术在演变发展时期新的创造和成就。

从魏到隋，约有200年的时间，是敦煌彩塑在新的创造时期的演变和发展。人们可以明显地看到石窟彩塑如何从魏代"秀骨清像"的典型，经过隋代迈进到唐代珠圆玉润般成熟的具有现实主义因素的创作阶段。许多盛行在隋代，可能受了5世纪中印度笈多王朝造像风格影响的立佛，代替了晋、魏造像中有犍陀罗风味的结跏趺式的坐佛。但隋代彩塑较印度笈多式石刻，更富有朴素、厚实、恬静、健康的造型特质。而那些北魏早期造像中常见的、以浮塑凸线或凹刻线表现出曹衣出水的衣褶线纹，到了隋代已显得更简练了。隋代开始塑造类似毛织物一般厚重的衣服褶襞，但仍能看出它们与笈多王朝的轻纱透体雕刻作风有一定的联系。从隋代开始，彩塑匠师喜欢在佛像的袈裟上、菩萨的天衣上绘制颜色富丽的、形象生动的花纹。它们使大块平塑的面积增加了丰富的内容，与佛像颜面丰满圆实的造型相对比，更显示出艺术匠师们在精和简、粗和细的节奏调配上的智慧。

唐代文学艺术创作已发展到非常旺盛的时代，当画师阎立本、吴道子在绘画上大量创作的时候，彩塑名师杨惠之、张爱儿结合了绘画随类赋色的写实经验，进一步向现实的创作方法发展[1]。魏、隋早期敦煌彩塑中所含有的犍陀罗式和笈多式等外来影响，到唐代已被融合在丰富多彩的民族传统中而形成了百花怒放的新的创作高潮。这个时期的造像面相温和乐观，胁侍菩萨的体态委婉多姿。唐代造像优美的风格，正反映了这时候艺术家对于现实生活美的追求，把佛、弟子、菩萨、天女、天王、力士等极为有限的形象，灌注了活人的气息和美好的生命力。

三 题材和创作技术

从 4 世纪东晋开始，壁画制作的同时，莫高窟出现了彩塑的

---

[1] 唐张彦远《历代名画记》："时有张爱儿，学吴画不成，便为捏塑。玄宗御笔改名仙乔，杂画虫豸亦妙。"

造像。经过北魏、西魏、隋、唐、五代、宋、元、清等时代的演变和发展，估计现存的 480 多个洞窟中，至少原有 5000 身以上的彩塑，但经过千余年的毁损，现在还有保存较为完好的各时代彩塑 2415 身（见表 1-1）。

这些彩塑从形式来分类，可以分作壁塑[①]、影塑[②]、高塑（相当于西洋的高雕）、圆塑（完全立体塑）等四种。以主题内容来分类，有千佛、飞天、伎乐、龛楣、花饰、建筑物、羽人、夔龙、柱头、佛、比丘、菩萨、天王、力士、地神、狮、象、麒麟、天狗、老君、侍立天神灵官、送子娘娘等 20 多种（见表 1-2）。

莫高窟历代彩塑统计表

表1-1

时代	原塑	原塑残破	原塑经后代重修	小计	备注
北魏	120	113	85	318	
隋	140	58	152	350	
唐	111	158	401	670	
五代	7	7	10	24	
宋	28	20	26	74	
元	7	0	0	7	
清	972	0	0	972	
总计	1385	356	674	2415	

---

① 相当于西洋的浮雕。宋邓椿《画继》卷六："刘国用，汉州人，工画罗汉，壁素之传甚多。"
② 相当于西洋的高浮雕。

各时代彩塑种类及主题内容表

表1-2

时代	壁塑	影塑	高塑	圆塑	备注
北魏	千佛、飞天、伎乐	龛楣及各种花饰、建筑物	天王、菩萨	佛、天王、菩萨、狮	其中壁塑部分大半是用模子的印塑
隋	山水	龛楣、羽人、夔龙、柱头	比丘、菩萨	佛、比丘、菩萨、天王、地神	山水仅第203窟一处
唐				佛、比丘、菩萨、天王、力士、地神、天狗、狮、象、麒麟	
五代				佛、菩萨、天王、老君、地神	
宋				佛、菩萨	
元				观音大士、侍立诸天神	
清				金刚、灵官、送子娘娘、鬼神等	

　　从附表可以了解唐以前除圆塑之外还有壁塑、影塑与高塑三种塑造形式。这些塑像的位置都是布置在中心柱的上端，龛壁半立体的地方，与云冈、龙门石窟中心柱龛壁的浮雕、高浮雕的作风十分接近。唐代没采取浮面的造型，一开始就以完全立体的圆塑造像布置在进深较大的、像小舞台一样的佛龛中或须弥坛上。造像不但凌空，而且可供巡礼者四方观看和鉴赏，也就是历史上记载的唐代彩塑名家杨惠之塑造了京兆府名演员留杯亭之像在背

后也可以认出的一个证据 ①。五代、宋、元、清都是继承了唐代现实主义创作的传统，在不同程度上还形成了时代所特有的风格。

根据莫高窟现有各时代彩塑的材料来分析，魏、隋和唐塑造特大型的彩塑，大都凿刻岩石作为内胎，然后在雕像的表面包糊紫泥装塑。一般造像，是以十字形的木架为头及身段的主要骨架，在这个骨架上包扎了芦苇，大部分塑像的四肢都是用麻绳缚扎得紧紧的。骨架做好后，再用麦草和黄泥捏在芦苇上，到离表面还有一个手指厚的时候，经过晾干，然后再用麻筋和细泥混合的泥膏塑造形体表面较细致的部分，涂上胶质混合垩白的底色，最后再涂绘所需要的各种彩色。

唐代塑像与魏、隋不同的是以芨芨草代替芦苇做骨架。芨芨草是一种沙漠里特有的像麦草一样实心、坚韧的植物。唐代塑像采用草泥与麻泥外，最后还上了一层以芦花及细泥掺和成的蛋壳般厚的表皮，在手足、脸面、身段露出的部分可能还要加油蜡 ②，使彩塑呈现软和、光润而有韧性的外表，能经受温度变化，而不致起甲或龟裂。这是敦煌彩塑经过一千数百年长久岁月还能保存得完好的原因。五代、宋彩塑与唐彩塑一般没有什么变化。清代

① 宋刘道醇《五代名画补遗》："惠之尝于京兆府塑倡优人留杯亭，像成之日，惠之亦手装染之，遂于市会中面墙而置之，京兆人视其背，皆曰：'此留杯亭也。'"
② 敦煌当地民间彩塑工匠所采用的材料中，有一种称为"像粉"的，是和了油脂的白粉，专门用它来涂抹面部及露在外面的手足等部位。也有把它们掺在绘制服饰花纹颜料中的。凡应用像粉或掺和了像粉的妆绘部分都是发光的。

塑像在时代方面距我们比较近，做法与内地庙宇神像的塑造有点相似，可能是按照西北现存的民间塑造方法：先上护骨架的粗泥，再上中泥和细泥，完成了粗坯子（草样），经过修整，最后在造像的衣服和皮肤上上色。套装的泥层较厚，所塑造的整个形体轮廓、衣褶和动作、表情，一般已没有唐代彩塑那样细致生动了。

敦煌彩塑大部分是按照以上方法捏塑而成的。我们还发现有其他的塑造方法。

中国在历史上正式记载塑像艺术匠师的姓名，是从 4 世纪时戴安道开始的 [1]。戴安道就是《晋书》上的戴逵，死于公元 396 年。他是个著名的画家，能捏塑、铸铜及制木雕。他结合铸造与捏塑两者的优点，创造了一种用陶胎粗布夹杂泥土的夹纻塑。但这种夹纻塑究竟是一个什么样子，历史上没有明记，实物也不见。10年前偶然在莫高窟沙土中拾到了一个残破了的用戴逵的方法制造出来的夹纻塑的小佛头。这个从沙土中拾到的佛头残破过甚，又没有证实年代的旁证，很难确定它制作的年代。但实物的形质，可以证明它是用粗布夹杂泥土制成的夹纻塑一类的造像。这说明了敦煌彩塑的制作方法是非常多样的。因此，敦煌彩塑不但在艺术创造上具有高度的价值，而且将是我们研究传统塑造方法的宝库。

---

[1] 唐释法琳《辩正论》卷三："戴安道学艺优达，造招隐寺，手自制五夹纻像。"

四　时代特征和艺术上的成就

自东晋时代开始，敦煌彩塑在不同程度上显示着初期自印度输入的造像风格，其中尤以自西北印度传来的以衣褶线纹流畅著称的犍陀罗艺术风格比较显著。另一种反映着民族特色的，是北魏时代盛行的交脚弥勒像，它们与印度佛像的结跏趺坐式（又称莲坐式）或安乐坐式等毫无共同之处，是一种出现在北魏时期可能与拓跋氏上层统治者两腿交叉的尊贵者坐式相符合的造像形式①。其他比丘、菩萨与天王等像的衣饰服装，大部分反映当时清谈玄理、好事粉饰的士大夫腐化没落社会风气的所谓"时世妆"。面部表情一如顾恺之《论画》上"刻削为容仪"的那种"秀骨清像"的风格。一般的北魏彩塑保持着简单、朴实的汉陶俑传统的模塑方法，体现出浑厚、概括的特点。如第248窟的菩萨，在造型方法上还没有摆脱石刻高浮雕的范围，并不是全立体的圆塑。彩塑格式大体上与长沙杨家湾出土的战国末年彩绘木俑极为近似：简单的土红的裙、飘带，变成酱黑的项饰，青色的头发，鲜红、石绿、黑等色相间的头饰，黑（可能是由银朱氧化后变成的）和石绿的耳坠，以及至今未变的乳白色的皮肤，等等。这些朴质、雅致的色彩，加在厚实的泥塑上，显出十分调和而文静的感觉。北朝的彩塑，虽然绘色比较简单，但是表情和神态的刻画可能由于柔软的泥土性质，彩塑的作者更能曲尽其微地显示他们的才能。

---

① ［日］大村西崖《元魏时的佛像》。

这里介绍一下敦煌第254窟一个类似高浮雕的彩塑佛像。彩画斑斓的背光和佛像的头、面上，还残存着明亮的金饰，红袈裟上用微凸平行的线模塑出曹衣出水的襞褶，右胸裸出的衬衣画满了四花几何形纹样，左背残断的手臂处，可以明显地看出草泥的肉胎以及用芦苇扎成的塑像骨架。同窟南壁佛龛内的交脚弥勒佛像，服装冠戴已改变为紧身的北朝装饰，但下装裙的部分还保留犍陀罗衣褶的形式。

第275窟经五代重修过的北魏交脚佛像，服饰大体与第254窟的像相同，所不同的是有两绺长发分散在左右肩臂上。颈项与前胸还佩戴了环饰，面相柔和、圆润，全身体现着纯厚、丰满的造型。

同样的印象，可以在第290窟魏塑菩萨像上获得，这个菩萨至今仍保持着彩塑原始的风采。造像以石青、石绿、高岭土、土红等四色为主，幽雅、朴厚的彩绘，面部的造型表情与生动、活泼的体态，共同体现着农村少女所常有的天真而美丽的青春的生命活力。

第432窟中心柱上另一对菩萨立像，它们修长的差不多完全赤裸着的上身，仅有肩背飘带充当庄严的天衣，下面的长裙已完全采用六朝的服饰，冠髻下显露出五六绺披在额前的头发，那样美丽的面相与庄严的姿态，使我们想到佛经上形容摩耶夫人的词句：

眉高而长，额广平正……目净修广，如青莲花……修短合度，容仪可法，其肩端好，其臂慵长，支体圆满，肤彩润泽……①

可能作者是用上述标准来创作既含有中国民族丰富特色又不违背古代佛教徒理想的美丽典型，同时由于服饰的装配与细腻的刻画，活生生地体现出那个时代浓厚的地方色彩。

历史上，隋文帝在结束了两晋以后数百年间部族部落间的混战局面后，又重新建立了统一的帝国，并实行了一系列安定社会的政策，结果，也促进了中古时代封建经济和文化的发展。反映在敦煌艺术上，首先引起我们注意的是，在这短促的二三十年隋代统治时期，修建洞窟的数量差不多超过全数的1/5。同时洞窟内容的布置与代表民族性格色彩的运用，也从晋、魏着重清淡的彩色发展到隋代富丽、热烈的色调。这个时期彩塑的主要特点和新的成就，是突破了中国佛教艺术初期所形成的一佛二菩萨的呆板定型，进一步充实了中国佛教艺术的内容和扩大了现实形象描写的领域。隋代艺术家对现实强烈的追求和旺盛的创作力量，可以以敦煌隋代彩塑做一个说明。晋、魏时代彩塑的主题，是佛与菩萨两个内容，即佛教教主释迦牟尼佛与上天的菩萨形象。到了隋代，介乎佛、菩萨与人之间的佛的十大弟子中主要的是迦叶与阿难两个形象，成为当时彩塑匠师们新的描写对象。在历史上，自汉、

---

① 见《方广大庄严经》卷一。

魏到隋五六百年的中国佛教发展过程中，涌现出许多被封建统治阶级压榨，为了追求精神上的寄托和解决宗教上的种种疑问，不惜冒险犯难、远涉大漠瀚海到印度去求经的高僧，相较于佛与菩萨的神话故事反而更亲切地成为当时善男信女所崇拜的偶像，也成为当时艺术家刻画的典型。第419窟隋代的迦叶塑像，正是说明了这个问题。这是个用杰出的写实手法刻画出来的以"头陀第一"而著称的大迦叶的彩塑形象，就是如此生动地体现了在西域一带苦行进修的行脚高僧的形象。它使我们从历史的记载上回忆到晋武帝时代继朱士行之后，第二个冒险去西域求经，世居敦煌，号为"敦煌菩萨"的高僧竺法护。它使我们从历史的记载上回忆到从长安结队西行，"自敦煌至毗荼共费百五十九日"[①]，在外15年"孑然一身"而胜利归来的著名高僧法显。它使我们想到在这条贯穿中西的古代的"丝路"上，无数具有民族气魄的和平的文化使节和善良的宗教信徒，前仆后继不绝于途的冒险旅行。正如法显在他的《佛国记》上所写："沙河中多有恶鬼、热风，遇则皆死，无一全者。上无飞鸟，下无走兽，遍望极目，欲求度处，则莫知所拟，唯以死人枯骨为标识耳。"由此想到他们九死一生，在"沙河热风"与"风雨积雪"的环境中磨炼出来的钢铁一样坚强的意志和大无畏的精神。再看看迦叶的微笑，他那从心底里透露出来反映在眉目嘴角间的善良的微笑，是带着谦虚和朴实感情的微笑，那几颗露出来的残缺不全的牙齿，一对大小不相称的眼睛，额上、脸颊和嘴角的皱纹，颈项间显露的筋骨，这正是长期在艰苦的环境中

---

① 梁启超《中国印度之交通》。

向沙漠上风日斗争，向戈壁上严寒斗争，向饥渴斗争，向孤寂斗争，向疲惫斗争，向黑夜斗争的当时无数往来于阳关大道的行脚僧形象。这是他们经过10年、20年长期风尘仆仆的艰苦旅行生活之后而获得了"德行高超"的晚年平静、安适的微笑。假如读者在这件杰出的彩塑前面能够产生同样印象的话，那就是隋代无名的彩塑匠师们在艺术上的杰出贡献。

能够充分代表北魏过渡到唐代的桥梁之一的，是第427窟隋代匠师塑造的三铺一佛二胁侍的大立佛像。这些佛像及菩萨的形体比一般的都要丰满壮实，肉身是土红色，在蓝绿底色的璎珞佩带上，用白色细线勾描出几何形的大小花朵，紧身的天衣是红底色，花纹白蓝相间，裙褶上有用红、蓝、绿、黑、金等色所描绘的带状几何形、精致美丽的花纹。这是当时盛行的时世妆中最华丽的标本，也是隋代统一南北后，艺术上浑厚、富丽作风的新成就。

到了唐代，造像技术在隋代匠师们新的创造性的劳动成就中发展起来。唐代彩塑匠师们已不满足于北魏及隋代塑像那样比较单纯、朴实的造型与彩绘，杨惠之与吴道子是绘画与造型两方面夺得"张僧繇神笔"的大师，把唐代彩塑从神采和形象两方面推进一大步。他们运用了绘画与塑造兼而有之的才能，赋予朴素的泥土造像以丰富的色相，从而加强了造型的感染力。宋法智正是杨惠之教导出来的能塑像而兼擅长绘画的有名匠师，还有与杨惠之一样学画不成专事捏塑的张爱儿。由于当时寺院建设风起云涌，艺术匠师们在供不应求的情况下互相竞赛、互相帮助的早期彩塑

的集体创作,《敬爱寺绘塑记》所载也反映出来:

> 敬爱寺佛殿内菩提树下弥勒菩萨塑像,麟德二年自内出,王玄策取到西域所图菩萨像为样,巧儿、张寿、宋朝塑,王玄策指挥,李安贴金。东间弥勒像,张智藏塑,即张寿之弟也。陈永承成。西间弥勒像,窦弘果塑。已上三处像光及化生等,并是刘爽刻。殿中门西神,窦弘果塑,殿中门东神,赵云质塑,今谓之圣神也。此一殿功德,并妙选巧工,各骋奇思,庄严华丽,天下共推。[①]

　　上述的历史资料说明了唐代艺术家在创作劳动中集体工作的优良传统。敦煌彩塑就是用这些优秀的艺术品来证明这一历史的宝贵证据。魏、隋作品,尤其是唐代彩塑,给我们石窟艺术建筑、壁画、彩塑三者完整、统一与调和的感觉。我们深深体会到,彩塑之间的各个不同主题是如何在佛的"静"与天王的"动"、菩萨的"娟秀"与力士的"壮健"中体现每个形象的性格和内心表情的。它们在同一个佛龛上,在同一个充满了壁画的石室中,如同交响乐一般奏出了和谐的乐曲,开放出了美丽的花朵。正如上面已经谈到过的彩塑匠师们在塑造十大弟子的时候,常常将迦叶、阿难用彩塑来表现,其他八个弟子就干脆画在墙壁上做了彩塑的补充,也有些菩萨的头光与飘带是以壁画来代替的,或是用绘画来表示造像的须眉等。这一切都证明了美术史上戴逵、杨惠之、刘意儿、

---

① 唐张彦远《历代名画记》卷三。

马天来等都以能画善塑著称的历史真实性，也说明了古代绘塑不分的传统和建筑、雕塑、绘画三者之间的密切关系。

唐代彩塑在题材方面又添增了力士与涅槃两个新的内容。力士像的描写手法，就比魏、隋时期的天王像有了更精深的刻画。艺术家在塑造力士形象时，不仅在面貌姿态上表现了威武的神气，而且在肌肉的运动上，在"关节脉络"上都无微不至地塑出了合乎解剖学的健壮体格。涅槃是佛教教主释迦牟尼"在世间广开法门，救度众生垂五十年"后，在拘尸那的熙连若婆底河畔、下雨的季节、大饥荒的年代里临终时的造像。这是一个大胆运用彩塑技术来具体表达梵文"nirvana"所具有的复杂宗教含义的描写。它并不像欧洲中世纪与文艺复兴及以后的艺术家所乐于描写的"耶稣钉死在十字架上"的悲剧主题那样，而是按照佛经的记载，释迦牟尼在临死的夜半布置好了身后一切，"右胁而卧，泊然大寂"，普通的平凡的死。在看过了唐以前许多佛本生故事如"舍身喂虎""剜肉喂鹰"等委婉曲折的多少带有悲剧性的流血牺牲场面的壁画后，这里，如第158窟唐代彩塑，匠师们刻画出来的长15米大涅槃像所给予我们的印象，一个是唐代妇人宁静安详的睡态，一个是劳动后疲倦的恬适的安息。他前额广阔，修长的眉毛所遮盖着的微微张开的眼睛，仿佛在垂视他为"救度众生"曾经尽了一切力量的世界，垂视环绕在他周围的诸天、弟子，憧憬未了的事业，对将来寄托无尽的希望，同时那紧闭着的嘴唇，好像肯定地表征着光明乐观的未来信念。环绕在周围的诸天及弟子的表情充分反映了如《大藏经》之《大智度论》所提到的佛入涅槃时"诸人啼哭，诸天忧愁"的各种不同修行程度的天人对于佛入涅槃时不同的认识和不同的心境。图版103（《敦煌彩塑》——编者按）是第148窟完成于778年李太宾所修建的涅槃洞中的情况。这里从围绕在唐代的大涅槃像周围的弟子举哀的群像来看，艺术家以不同的动作和面部表情表现出佛入涅槃时72个大弟子种种不同的内心活动的状况：有呼天抢地的号哭，有涕泪交流的痛哭，有嘟咿哽咽的隐哭，有用理智控制着悲痛情绪的愁眉苦脸……用不着说就可以理解唐代艺术家是如何从形象、动作一直到内心、表情的各个方面使彩塑增加感染力的。

第322窟初唐佛龛上有几个塑像，其中菩萨的服饰和姿态还保留着隋代的某些作风，但从全身相称的比例与写实的塑造技术上看，是有很大发展的。尤其显著的是北方天王，服装和高度写实的造型，使我们惊异地仿佛看到一个汉、唐时代西域都护打扮的卫国武士，而不是上天的"仁王"。那样紧紧包在身体头部、肩部和腰下部的厚重铠甲，也使我们想到唐代诗人岑参《白雪歌送武判官归京》"将军角弓不得控，都护铁衣冷难着"诗句所描写的意境。

这身彩塑以它的身段比例，以它自头到脚的盔甲、护胸、长靴，以它铠甲上突出的模仿钢丝做的锁链纹，以它突出的护胸上的板扣，以它突出的威风凛凛的八字胡须，加上绿、黑、白、蓝、红相间的模仿金属衣着的写实色彩与至今仍在西北流行的毡靴样，人们还可以看到结跏趺坐的佛、比丘和菩萨的衣褶，具有高度技术的匠师们，全凭双手自如运用泥土的才能，刻画出不同质地的紧贴身体的厚重铁衣与流畅柔和的菩萨天衣、比丘袈裟等绸缎所形成的褶纹，这种富有质感的杰出的造型手法是唐代彩塑惟妙惟肖写实技巧的新成就。

第 130 窟是唐代开元年间（713—741）马思忠等所造，即《莫高窟记》所称的南大像，是岩石经过雕凿加以草泥及装饰的巨大的弥勒佛造像。此像不但整个身段比例处理得生动合理，而且手足及面部表情也表现出极其细腻的高度现实主义的技巧，是中国佛教艺术巨型造像中优秀的代表作之一。从这个头像的特写中，首先可以体会到它所反映出的唐代社会充分的物质条件与高度文化水准的生活情况。佛头丰硕的腮颊，厚实的嘴唇，如此肥头大耳的脸形，已与南北朝时期佛苦行造像的体态瘦弱的造型相比较，有了显著的改变。它的俊秀的眉眼，向上微翘的眼角，端正的鼻梁，卷曲有致的头发，既表达了人情味，又透露出庄严静穆的宗教情感。顺便要说到，这个高 25 米左右的巨大弥勒佛坐像的头部，在深度仅仅 10 米左右的洞窟中，要做到如此巨大，比例如此适度，并达到栩栩如生的效果，必须是一个已高度掌握了技术操作手法、有经验的艺术匠师才能有如此杰出的成就。

另一个代表敦煌唐代彩塑也代表敦煌 2000 多身彩塑的优秀作品是第 328 窟盛唐的造像。这一铺有一坐佛、二比丘、八个半坐半跪式的大小菩萨。由于洞窟前室的保护和长期的封闭，洞窟内部宋代重画的壁画，还保存着原来未变黑的朱红色。塑像与佛龛背面盛唐原来的壁画，依旧保存得相当完整。这 1 龛 11 身造像本来是非常完整的，但令人痛恨的是北壁半跪式菩萨——一个最为俊美娟好的菩萨像，在 1924 年被美帝国主义分子华尔纳连同莲座一起盗走了。

全龛造像的设色，从释迦牟尼本尊佛到比丘、菩萨全部都保存着极其富丽的色彩。彩塑上闪烁的黄金色的反光，与圆润、丰满的乳白色菩萨赤裸着的上身所佩戴着的璎珞以及模仿得如此逼真的织花缎面的比丘袈裟，给人以金碧辉煌的感觉。下垂的菩萨裙裾衣褶轻轻地覆盖在肥厚的足背上，这一切是如此富有感染力地使我们体验到一种人世间真实的感情。如作吉祥坐的菩萨，它那娟好的、袒裸的上身，几条仅有的璎珞披戴在前胸，秀丽的细眉与微斜的眼角，俊美的鼻梁，微耸的嘴，丰润、饱满大理石般乳白色的脸部，表现出天真无邪、善良而秀丽的神态，充分显露出艺人对现实的描绘。正像唐人段成式在叙述当时画家韩干画寺院中的"释梵天女"时说："今寺中释梵天女，悉齐公妓小小等写真也。"[1] 活人的气息，不但表现在彩塑的面部，而且同样贯彻在结构骨架、身段动作和衣褶的装配上。上面说过，晋、魏的彩塑，在佛像身上采用"曹衣出水"的衣褶和"吴带当风"的舞带来继承汉代艺术"车水马龙"一般生动的传统。这里唐代艺术家却直

---

[1] 唐段成式《酉阳杂俎》续集卷五《寺塔记上》："韩干，蓝田人。少时常为贳酒家送酒，王右丞兄弟未遇，每一贳酒漫游，干常征债于王家。戏画地为人马，右丞精思丹青，奇其意趣，乃岁与钱二万，令学画十余年。今寺中释梵天女，悉齐公妓小小等写真也。"

截了当地赋予塑像以肢体的动作。佛的盘腿式结跏趺坐变为两脚垂下的安乐坐。菩萨的体态除一足下垂踏在莲花上的游戏坐外，一般直立的菩萨都是屈膝低腰地呈现出娇柔的姿态，披戴着彩花的绸缎，经过艺术家精心设计出来的衣褶线条，随着身体轮廓变化轻轻起伏着而富有节奏，璎珞、佩带与冠髻等种种庄严，更增加了娉婷婀娜、温柔而优美的女性特点。在这样一个"端严柔弱，似妓女之貌"①的菩萨旁边站着声闻第一的佛的大弟子之一的阿难，正像一个刚成年的青年男子，虽然他在庄严的袈裟中表现出一本正经的神气，但是他的袖手折腰歪扭的姿态，仿佛遮不住青年人好动性格似的。这里由于微侧的腰挺出连带引起袈裟衣褶的变化，厚重富丽的花缎下垂时皱褶抽叠微微露出衣裙与足下翻头的鞋等。如此真实生动的形象，使我们不能不惊奇地感觉到这些坐在我们前面或站在我们前面的盛唐时代的健壮青年男女与后壁画着的比丘一道都是"窃眸欲语"地等待着与我们交谈。只是偶尔从残破了的塑像身上看到显露出和了纸筋、芦花的黄泥，使我们猛然从幻想中惊醒过来，现在我们正是面对着1360多年前杰出的民族优秀艺术的作品。

与上述同一时代同一个作风，但经过后来装饰过的是第319窟一铺七身的塑像，这里除彩色已大部分发黑外，形象大部分还完整，可喜的是，这个彩塑还保留着未经再修的生动的手、足，

---

① 宋释道成《释氏要览》："自唐来，笔工皆端严柔弱，似妓女之貌，故今人夸'宫娃如菩萨'也。"

天王的表情也十分庄严勇武。

可能时代稍为迟一点，形体塑造技术进一步向现实主义精神发展的是第 79 窟半结跏趺的坐式与立式的菩萨像，它们顾盼自如的眉目表情与配合这个神情的手足姿态、丰润的肌肤，可与已被帝国主义劫夺去的天龙山石窟第 14 窟西壁石刻半结跏趺菩萨像相媲美。同窟南壁天王像，长袖、麻鞋的唐代武士服饰，比例合适，形象生动，不但艺术价值很高，而且为研究唐代服饰增加了可贵的资料。同样优美的塑像，又可以看到第 196 窟一身游戏坐式的菩萨，由于它们被固定在四面凌空的须弥坛上，连背面也是以同样的写实手法刻画出来的。造型的部位及衣褶花纹等细致的程度，实在令人吃惊。释迦牟尼的莲花座垂下来的绸缎褶纹与菩萨的衣裙、比丘袈裟上的山水印花等花纹，甚至织物的经纬线编织的线纹，都模仿得十分细腻、生动。其他还可以在第 384 窟看到一铺七身的盛唐优美的彩塑，同样肥硕、丰厚的脸形，无论阿难或菩萨都富有娟秀、淳厚的风度。

相反的另一类型，是在龛外南北两角的天王像。那是身披甲胄、气吞山河的唐代武士，挥拳鼓目、声色俱厉的神态，正如后周正定景因寺《判官堂塑象记幢》所云："威容既立，不闻乌鹊之喧声。"①这两个庄严威武的天王，似乎要用它的威力来慑服一切外道邪魔

---

① 《唐文拾遗》："堂宇既立，庙儿得兴，命匠者审运丹青，澄神绘塑，遂于堂内塑六曹判官并神鬼侍从，及壁上隐塑变相等，威容既立，不闻乌鹊之喧声。"

似的。同样使我们注意的，是两个被踏在天王足下的地神，尤其是北方天王脚下的那个猴头兽身的地神，通过艺术匠师丰富的想象力所创造出来的这个艺术形象，那样生动而自然地使我们产生"若有其物"的感觉。

第320窟有盛唐比较好的菩萨，第327窟有同一个时期比较优美的菩萨，第45窟有代表性的盛唐彩塑、菩萨与比丘，形象生动，比例恰当。

唐代塑像的发展高潮同时跨着盛唐和中唐两个时期（713—836），这一时期是杨惠之生活和创作的时代，是中国彩塑在现实主义发展道路上达到空前高潮的时代。这个时代的彩塑艺术在造型与彩绘两方面都得到更完美的发展，联系更加密切。与杨惠之同时的，还有吴道子的门人、后来改攻捏塑的张仙乔，包括王耐儿、元伽儿、李岫、张寿等，都是唐代彩塑史上有名的高手。他们能画善塑，使彩塑与壁画不但和谐配合，而且共为一体，显著的例子可以在千佛洞所遗留下来的中唐塑像中体验到，其中主要是以第194窟为这个时代的代表作。这个由佛、比丘、菩萨、天王、力士七身组合的龛内外彩塑，至今还相当完好。这里大部分造像的肉身都是乳白色，其他如菩萨的天衣、佩带及天王甲胄、冠饰上的彩绘，与壁画的作风完全一致。北壁天王面部作土红色，挺胸执拳，怒目直视，现出无比威武的气概。南壁天王的浓眉和两颊卷曲的胡须，都是用暗红色的毛笔在光润的面颊上勾刷出来的，真有吴道子画赵景公寺"刷天王胡须笔迹如铁"的风度。南壁菩萨，颜面丰满微笑，头上髻鬟作下垂形，上身着了淡绿彩绘的卷草纹的帔子，当胸已由初唐的方形演变为大圆形，下着长裙，画卷曲的蔓草，看上去正是杜甫诗中所描写的"蔓草见罗裙"似的唐代少妇。这里生动的造型与绘画的有机结合，使彩塑绚烂夺目，增加了它的感染力。北壁天王像，面作土红色，头戴盔，怒目切齿，右手握拳，左手张开作叉腰姿势，全身甲胄施满了彩绘，真是生机勃勃，有气吞河岳的气概。北壁龛外力士，上身袒裸，怒目张嘴作大喝一声的姿势。全身肌肉在有力运动下紧张突出，有些地方还可以看见皮肤里面的经脉，身材适当的尺寸比例与合乎解剖的肌肉运动都显示着科学上的依据与现实主义表现技术上进一步的成就。同时也使我们幸运地认识到，杰出的唐代彩塑可能就是先驱者杨惠之和他同时代卓有盛名的张仙乔、王耐儿等在中国塑像发展的全盛时代的现实主义传统，曾波及塞外，并且一直流传到现在，我们在敦煌艺术宝库中就找到了如此优秀完整的宝贵遗产。

　　差不多与第 194 窟同时或可能稍后一点类似作风的一铺七躯的彩塑是第 159 窟。这个至今保留着完美的壁画与造像的洞窟，由于处在距地 20 余米的四层高岩上，并且通道断绝，所以没有遭受到破坏。这个洞窟的彩塑主要是天王、菩萨、比丘，它们的服饰和活泼生动的造型体态，与第 194 窟有共同之处。这个洞窟的壁画精美，色彩鲜艳如新，满室辉映，富丽堂皇。这里菩萨的衣裙是绯红色地子上画满了团花，与唐诗"金钿正舞石榴裙"句是十分切合的。

晚唐塑像一般仍沿袭中唐的传统，个别的彩塑如第 326 窟的一身彩塑高僧，是用完全现实的创作方法表现出来的造像，已较佛龛上的比丘像又向写实进一步发展。第 196 窟存有晚唐时代比较优良的塑像——天王像，高约 5 米，是千佛洞的几个较大造像之一，像身高大，形式比较简略。其中一个半跏趺坐、上身袒露的大菩萨像，它圆润的线条所烘托出来的丰满体态，加之下边衬着卷折的裙边，这一切符合唐代妇女的健康美丽，在大理石般洁白的上身袒露的色彩，加上胸前朱红的披巾，绿色地子上用黑、蓝、红间杂描绘的团花，更使主体显得朴实而健美。第 197 窟是晚唐塑造的娟秀、生动的另一个菩萨像的例子。

千佛洞五代和宋代的洞窟，大体是由原来隋、唐洞窟重新绘的，因此这两个时代的塑像遗留极少。第 261 窟是五代彩塑的代表，第 55 窟是五代或宋初彩塑的代表。塑像姿态比较生硬，神色也呆滞，衣褶繁杂紊乱，有些像敦煌宋代壁画一般，已到了从唐代艺术创作高潮走向另一种富有装饰倾向的风格了。

元代莫高窟修建的情况，可用至正十一年（1351）速来蛮西宁王《重修皇庆寺记》碑所记"施金帛、采色、米粮、木植，命工匠重修之……佛像、壁画、栋宇焕然一新"来佐证。皇庆寺是经清道光年间（1821－1850）重修过的，可能就是现在中寺的寺院，并不是石窟。当时所谓"佛像、壁画"已全部不见了。现在能够见到的佛像就是第 95 窟六臂观音大士、侍立诸天的一铺七身。这一铺彩塑，虽然有经过后来重修的痕迹，但是从这七身彩塑所反映出来的生动的现实作风来看，在一定程度上是和当时著名彩塑大师刘元"神思妙合"的彩塑风格相接近的 ①。

蒙古中统元年（1260）正是尼泊尔名塑像艺人阿尼哥在吐蕃为八思巴建宝塔的时代，是密宗的造像千手千眼菩萨流行的时候。千佛洞第465窟中心圆形宝坛上原有木胎、锯木粉掺和了胶质塑的千手千眼观音一铺，可惜已经为人所捣毁。第95窟一铺六臂观音及侍从天神的彩塑，是敦煌石窟中仅存的一铺以六臂观音为主尊的彩塑。这个六臂观音与元至正八年（1348）莫高窟造像碑中的六臂观音的风格相同。彩塑形象生动，刻画入神，不但作品的风格较之宋代的彩塑已有很大的进步，而且内容方面也显露了新的变化。元代和尚圆至评价彩塑匠师张生的彩塑曾说：

> 骈木为骨，傅土为肉，糜金胶彩为冠裾容饰，操墁以损益之，丰而为人，瘠而为鬼，粲然布列而为众物，其形其事，必当其类。一堂之上，坐立有度，贵贱有容，怒者、喜者、敬者、倨者，情随状异，变动如诚人，使观者目惮魄悸，不敢慢为土偶，此塑之工也。菩萨则不然，慈眼视物，无可畏之色，以耸视瞻；其姣非婉，其頮非愿，其服御容止有常制，巧无以显，拙无以隐，其慈若喜，其寂若蜕，

① 《元史》："有刘元者，尝从阿尼哥学西天梵相，亦称绝艺……始为黄冠，师事青州把道录，传其艺非一。至元中，凡两都名刹，塑土、范金、抟换为佛像，出元手者，神思妙合，天下称之。"

德晬于容，溢于态，动于神。[①]

从这里我们可以理解这一评价的真切。

明代严防嘉峪关，敦煌曾一度废置，因此，千佛洞并无这时代留存的艺术遗产。直到清雍正年间（1723—1735）重置敦煌县后，千佛洞有些唐窟被改为娘娘殿，出现了几个含有民间风味的彩塑，如第454窟送子娘娘，就被打扮得粉面小脚，与中原一般清代庙宇中的塑像大致相同。

五 结 语

敦煌彩塑是中国固有的泥塑传统结合了佛教东渐后的外来因素发展起来的。杰出的古代艺术匠师们，不但生动地塑造了人物的动作和表情，而且随类赋色地给予这些造像以更真实的感觉。在壁画图案装饰富丽的石室中，它们以立体的强有力的光与色相结合的效果，突出而又和谐地使石室更充满了艺术的气氛，好像一支在音乐会上合奏的交响乐。这种塑造、石室建筑形式和壁画三位一体的紧密关系，不身处其中的人是难于理解的。必须指出，彩塑的存在，与它所处周围金碧辉煌的环境是分不开的。彩塑的作用好不好，要看它是否能符合周围壁画的艺术水平和要求。因此，

---

① 元释圆至《牧潜集》。

泥塑的装饰不是简单地将各类颜色涂刷在表面就算完事，绘画技术水平的高低，是影响彩塑成功与失败的关键。可以说，就是绘在立体上的画，也可以说彩塑是雕刻与绘画相结合的综合艺术。

看惯了简单朴素的金石雕刻孤独地存在于自然环境中的人们，可以认为将各种颜色涂刷在泥塑上是多余的，容易流于俚俗。敦煌彩塑杰出的成就，以具体的事实驳倒了这种主观的想法。中国古代的彩塑匠师们贡献了他们杰出的艺术才能，创造了中华民族所独有的彩塑优良传统。经过3000余年的演变与发展，一直到今天，彩塑仍然是群众所喜爱的反映现实生活的重要艺术形式。从天津泥人张以及其他民间泥塑中还可以体味到敦煌彩塑的传统。

在发掘文化遗产，批判地接受民族艺术优秀传统的社会主义文化建设高潮中，重点地介绍这一被忽略、被遗忘掉的艺术宝藏，将不会是无益的。展示在我们眼前的这些图片，可能会引起雕塑家和其他文艺工作者对于这一宗杰出的彩塑遗产予以应有的重视，从而组织力量，进一步用科学方法对敦煌彩塑展开全面的研究。

1958年8月于敦煌莫高窟

编者注：原载《敦煌彩塑》，人民美术出版社1960年4月。

敦煌图案

——《敦煌唐代图案选》代序

敦煌艺术遗产，是4世纪到14世纪我国劳动人民的集体创作。通过建筑、雕塑、绘画三种造型艺术形式，它们互相关联、互相辉映。而图案艺术，则是介于三者之间的一种装饰艺术，具有和谐而强烈的艺术风格。

敦煌石室的结构，随着时代有所变化。魏窟一般的形式是，前面是人字披的殿堂，后面是中心龛柱，窟顶画平棋图案；隋窟与魏窟大致相同，间或有一部分方形或长方形倒斗式的窟顶；唐代窟形极大部分作正方形，这种正方形石窟有一个窟门，它是唯一的进出通道和光线的来源，窟门不大，四壁和窟顶都是壁画。造像一般都设在正对入口墙壁中央的佛龛里面，也有在窟内中央佛坛或中心须弥座上的。造像周围的壁面上画满了说法图、经变图和佛传故事画，那都是以"神"

与人物为主的大型构图。供养人像，一般画在洞窟入口处的墙壁上，也有画在故事画和经变图下面或须弥座下面的。

千佛洞的装饰图案是上述建筑、雕塑、绘画等三方面共有的装饰纹样。它附属于建筑梁柱，附属于造像装饰和壁画分界的边缘，也单独地用在装饰石室中央藻井的部位。这些色彩绚丽夺目的图案，虽然有时是主题壁画的一种装饰，但是它们的作用却与建筑、造像以及壁画本身有着密切的关系。以藻井为例，这个属于民族建筑样式之一的重要部分，就包括了由桁条的四方斗拱层层叠架起来的所谓架木为井的屋顶结构。藻井一般以莲花、团花为主要装饰纹样，其他大多数是带状边饰纹样。这些带状边饰纹样，大体与我国三代铜器上的山纹、水纹、垂鳞纹以及汉画上的绳纹、云气纹、棋格纹、卷草纹有许多共同或相似的地方。

自魏晋到隋唐，敦煌图案也有明显的时代特征。早期以几何形及动物形象为主，至唐代逐渐以植物形象为主，因而丰富了主题内容，也形成唐代装饰艺术的高峰。

唐代纹样以旋转自如的藤蔓、卷草、花叶为主，代替了早期龙虎等动物图案。整个纹样构成，无论花叶抑或枝蔓，节奏、韵律之中充满了动感。敦煌可以看到长达近十米的边饰，这么长的边饰纹样，一气呵成。蜿蜒卷曲的藤蔓上布满了不同姿态的花叶果实，连绵发展的气势如行云流水，充满生命力。初生的枝叶、含苞的蓓蕾与盛开的花朵，还有各种果实，如莲蓬、葡萄、石榴等，这些似乎都是唐代社会繁荣兴旺的象征。

藻井的边饰承袭着汉代建筑物上垂幔与华盖的形式，从北魏严整的山纹、垂角变为联珠、铃铛、璎珞、流苏，使唐代藻井图案增加了生动活泼的气氛。配合着这样的外层装饰，藻井内部则以一格、一段由忍冬、卷叶、卷草、藤蔓、云气、花及其各式散点纹样构成边饰，逐层向中心推进，多达一二十层，一直到藻井中心的团花或莲花为止。一个桁条边饰与第一、第三条边饰的配置，从宽狭的内部结构到色彩的设置，无一不合乎变化与调和的装饰原则。

为了达到光辉灿烂的效果，从北魏、隋代开始的平涂色彩发展到唐代的叠晕设色的方法。尤其是花叶的色彩处理上，运用各种颜色的色阶变化，由深而浅逐层退晕下去，使纹样不但具有更加丰富的色相，而且还有立体感。

唐代图案另一个卓越的地方，是艺术家们对自然形色的高明处置。我们不难从纹样本身体会到枝叶茂密、花果繁盛栩栩如生的景象，但这并不等于艺术家单纯地抄袭自然，而是晋唐时代的石窟艺术家所共同追求的"传模移写""妙悟自然"的意匠结果。唐代艺术家们从自然中摄取优美精粹部分，加以灵活地组织配置，使自然纹样在叶脉的转折、花叶的舒合、藤蔓的伸卷和果实的生成等方面，大都符合统一与变化相结合、对称与平衡相结合、动与静相结合、繁与简相结合的原则。唐代图案纹样从自然形象中脱胎出来，艺术家赋予它们更深刻的风格特征与气魄。

唐代窟顶建筑演变为正方形的宽敞殿堂形式后，殿堂顶部倒斗形的藻井图案，从开始设计起，古代艺术家们就在选择自然形象创意的同时，首先注意到建筑对于图案的要求，将纹样适当地组织在规矩方圆的形体内部。当我们从下面仰视那些藻井图案，把目光由垂幔、边饰一步步地推进到中心结构时，不难发现由结构与纹样交织而成的两种力量在推动这个固定的窟顶。一种是由几何形纹样组成的向上推进的纵伸的力量，另一种是由自由舒展的花枝波浪形成连续贯穿的力量。这两种不同方向的力互相作用，使藻井图案在不知不觉中形成了一顶凌空转动的华盖。依靠变化有致的结构设计和富丽的色彩、多姿的纹饰造型，整个藻井图案最后归集到一个象征纯洁的盛开着的莲花中心。重叠错置的莲花瓣，仿佛散射出光辉与芬芳，使静寂的窟室达到了"形质动荡，气韵飘然"的境界。

令我们深深感动的是唐代艺术家们旺盛的创造能力和先进的构图方法，完全符合我们民族艺术传统和图案构成原理，他们综合而概括地表现了图案的主题思想。图案所采用的色彩，以青蓝、碧绿、红、黑、白、金为主，这些色彩与宋代《营造法式》一书所记录的用于斗拱、檐、桁、额、枋等部位彩画用的颜色相一致，这也说明了敦煌图案从纹样到色彩与建筑的渊源关系。

在用色上，唐以前的图案很多是画在赭色底子上的，因此用色以青、绿、黑、白诸冷色为主。唐代图案用色的特点是把朱、赭色大量地运用在青绿的纹样间，有时用鲜明的赭色线描绘青绿色纹样边缘来调和补色之间的关系，加上金色与黑白色，互相衬托出金碧辉煌的效果。这种与唐以前时常用的冷色调相反的热色组织，有时虽然把纹样画在天蓝的底色中，但是依然能给我们一种令人振奋的热烈印象。

与形象的变化演绎相一致，唐代图案的用色并不局限于自然色相的模仿。为了调和，为了使整个图案结构和节奏相结合，有时也画出绿色的花和红色的叶，这是唐代艺术家们在图案艺术上的创造匠意。

初唐时期图案上的线描沿袭隋代所常用的细线镂金描画的方法，像刺绣的线镶嵌一般，附属在纹样上起着进一步刻画形象的作用。从唐代后期图案中线描粗细的变化，可以感受到画家吴道子兰叶描的影响与运用。

当然，敦煌图案不限定在藻井、龛楣、边饰、佛光等方面，而是普遍地存在于窟檐的柱梁、塑像以及壁画人物的服饰、武器、舆马、家具等各个方面。它与唐代的织锦、陶瓷、铜器、石刻等纹样完全一致，这也说明了唐代敦煌图案与现实生活的密切关系。

敦煌图案的主题内容，包含了丰富的民族色彩、乡土气息，结构形式具备充沛的变化和活力。敦煌图案不但体现了伟大的中华民族悠久灿烂的文化特点，而且也有力地反映了民族艺术的创造性。因此，对敦煌图案遗产的进一步学习与研究，将会有效地推动中国装饰艺术在继承和发扬民族艺术传统、推陈出新方面迈开更大的步伐，为我国社会主义建设事业服务。

编者注：原载《敦煌唐代图案选》，人民美术出版社1959年。

《敦煌历代服饰图案》序

敦煌石窟位于中国甘肃省敦煌。自汉武帝元鼎六年（前111）分酒泉而建张掖、敦煌两郡并于敦煌设置玉门关以后，敦煌地区便成为古代中国通往中亚和欧洲的交通枢纽。西方早就有人称它是中国丝绸出口的名城，是丝绸之路上的要道。

"丝绸之路"这个美称，表示了古代西方世界对以生产蚕丝而著名的古老国度的憧憬。中国特产的质地轻柔、色彩缤纷、闪闪发光的蚕丝织物在古代被视为人间珍宝。埃及女皇葛洛娥宝黛（Cleopothe）穿上了用中国轻纱制成的透体服装以后，西方世界朝野上下为之大哗，无不羡慕中国丝绸之华丽美观。自此丝绸的应用风靡一时，成为皇宫贵族豪华生活的象征。

轻盈华美的中国丝绸，还以其富有民族风格的图案吸引着西方人士。中国古代丝绸图案在敦煌石窟中的佛像、飞天和供养人的衣饰上都有所表现。就是在佛座、华盖、藻井、朝堂内的幡灯、边饰以及善男信女发愿捐献给佛堂做供养品的织物上，也都有完好的图案。这些图案，是研究中国服饰图案和染织工艺历史的宝贵资料。

敦煌石窟中，佛像的服饰、衣冠、璎珞配饰等，因其塑造或绘制时代的不同以及捐造的善男信女的身份有别而各异。有一部《造像度量经》，上面除规定塑造佛像的比例尺寸外，还规定了佛像的衣着形式和色彩。所以敦煌石窟各时代佛像衣着的彩绘和用色都不一样，在艺术造诣方面的发展也有所不同。特别是佛与人所穿着的衣服与装饰图案，更是随着所处的时代风格、民俗习惯和流行风尚而创作和发展。这就为我们提供了各时代佛像及供养人服饰图案的具体内容。

织物演变的历史，尤其是作为丝绸之路上流行的染织图案演变的历史，反映了中国古代人民在织造工艺技术上的智慧和创造。这些织物充分发挥了最优良的原料——蚕丝的作用。蚕丝细长柔软，匀净光滑，富有弹性，是织成薄纱细绸的最理想纤维。《易经》上说："神农氏没……通其变，使民不倦……黄帝尧舜垂衣裳而天下治，盖取诸乾坤。"（注云：黄帝以上，衣鸟兽之皮，其后人多兽少，事或穷乏，故以丝麻布帛而制衣裳，使民得所宜也。）《蚕经》上也有"西陵氏之女嫘祖为帝元妃"的字句。《通鉴》上又说："西陵氏之女嫘祖为帝元妃，始教民育蚕，治茧以供衣服。"这些文献记载的古代传说，说明中国是最早利用蚕丝织做衣服的国家。自养蚕、发明织丝，至今已 4600 多年了。从考古发掘的文物看，公元前 16 世纪的两朝甲骨文中就有"蚕""桑""丝""帛"等古代文字。

　　商朝时，中国已有由官府经营的丝织手工业和较细的手工业分工，建立了称为"百工"的分工制度。古代文献中所说的"典丝"是负责监管丝织品生产质量的官吏，"筐人"和"慌人"是负责煮练丝帛的工人，"染色"是负责丝帛染色的工人，"典妇功"是管理纺织生产的官吏。当时从事纺织生产是以妇女为主的，故称为"妇功"。《诗经》上就有歌咏从西周到春秋时期妇女养蚕、织绸的诗篇，在《豳风·七月》中有如下的诗句：

春日载阳，　　　　　译文：春天里来暖洋洋，
有鸣仓庚。　　　　　　　　黄莺枝头叫得慌，
女执懿筐，　　　　　　　　姑娘拿深筐，
遵彼微行，　　　　　　　　走在小路上，
爰求柔桑。　　　　　　　　慢慢采嫩桑。
……　　　　　　　　　　……
蚕月条桑，　　　　　　　　蚕月一到去剪桑，
取彼斧斨，　　　　　　　　抢起斧头轻轻砍，
以伐远扬，　　　　　　　　杂乱树条削得有理有章，
猗彼女桑。　　　　　　　　好让新枝嫩芽茁壮成长。
七月鸣鵙，　　　　　　　　七月伯劳叫不停，
八月载绩。　　　　　　　　八月开始纺麻忙。
载玄载黄，　　　　　　　　丝麻染得有黑又有黄，

我朱孔阳，　　　　大红色的丝麻最鲜艳，
为公子裳。　　　　要替公子们做衣裳。

随着机织丝绸的出现，为了取得更为华丽多彩的效果，出现了一种工艺技术更为复杂的名叫"织锦"的华贵丝织品。《诗经》里也有不少地方提到"锦"，并加以描述颂扬，如：

萋兮斐兮，　　　　译文：彩丝亮啊花线明啊，
成是贝锦。　　　　　　　织成贝纹锦。
——《小雅·巷伯》

角枕粲兮，　　　　译文：漆亮的牛角枕啊，
锦衾烂兮。　　　　　　　闪光的花锦被。
——《唐风·葛生》

从以上诗句可知，当时已广泛采用织锦做衣裳和被面，非常富丽堂皇。

敦煌石窟的壁画和彩塑，为了显示神和人的风采以及中国丝绸的灿烂夺目，故不惜工本地采用了金箔、白银、珠粉、辰砂、翠绿等材料和颜料来装点菩萨、天神和供养人塑像。如五代第98窟，在塑造窟主——盛产宝石的于阗国的国王"大圣大明天子"时，用翠绿点成数以百计的拇指大的宝石来装饰国王的衣冠。正是由于这种华丽的装点，鲁迅先生曾推崇"唐代佛画的灿烂"。

中国佛教艺术的光辉灿烂远远超过了欧洲教堂的宗教艺术。1900年在敦煌发现了一个秘藏近1000年的藏经洞，窟中除佛经以外，还藏着大量佛像画卷轴。这批佛像画，斯坦因、伯希和等都已先后撰文加以论述。随同他们的著述所发表的画卷中，有不少是绣像画，如在斯坦因著述中发表的北方天王多闻天绣像、南方天王广目天绣像、千手观音及其侍从的绣像、乐师佛绣以及绣有佛经故事的绢画幡引、千佛洞之古绣像画等等。这些画像虽被称为绣像，实际上有不少仅是画在绢绸上的画，而不是绣。当1963—1966年敦煌莫高窟进行全面修缮时，于南段石窟群第125窟与第126窟之间的岩脚石缝间发现"说法图"残片一块，上面绣着"太和十一年四月八日广阳王母、息女僧赐、息女灯明"的字样。这是藏经洞中未曾见的最古老的绣品。这幅刺绣采用辫子股锁绣的针法，用红、蓝、黑等各色丝线绣成，文字和图案至今清晰如新。这种刺绣针法，与陕西宝鸡市茹泉庄西周墓出土的绣片上的辫子针法相同。与这块"说法图"刺绣残片同时发现的还有一批北魏边饰图案的绣品，也是用锁针法绣成的。这说明敦煌的装饰图案不仅有绘画图案，而且还有大量丝织物和各种刺绣或印花图案。

在新疆吐鲁番阿斯塔那北39号墓出土的东晋太和二年（367）所制的缀织履上，绣有清晰鲜艳的波斯联珠和对兽图案，还有"富且昌""宜侯王""天延命长"等吉祥话。

这些波斯联珠纹、对兽纹等带有中亚地区民族风格的装饰图案，也布满敦煌隋唐石窟的建筑、壁画、彩塑佛像的衣饰、藻井和佛龛的门楣上，使庄严的古老佛教殿堂和神祇显现出金碧辉煌的效果。这些装饰图案反映了中印、中伊文化之间的相互影响。因为丝绸之路沟通了中外文化，所以沿路所经地区的众多民族文化得以传入敦煌。特别是佛教艺术，还吸收了代表希腊文化的斯基泰（Scythians）文化。公元前4世纪中叶，亚历山大大帝的侵略矛头指向东方，他的军队经中亚细亚一直到阿富汗、巴基斯坦和印度，企图建立希腊王国，推行所谓的希腊文明，因而在他所侵略过的白沙瓦、犍陀罗等地，形成了以犍陀罗为中心的佛教美术。这个地区就是中国玄奘法师所著《大唐西域记》中提到的梵衍都（即今之阿富汗的巴米扬）。书中记载："王城东北山阿有立佛石像，高百四五十尺，金色晃耀，宝饰焕烂。东有伽蓝，此国先王之所建也。"就在这个古老的巴米扬地区的石窟中，人们发现了具有希腊文化斯基泰特点的波斯萨珊王朝的联珠纹装饰图案。这些图案通过丝绸之路，越过天山南北两路，直达新疆吐鲁番的阿斯塔那和甘肃敦煌莫高窟。

敦煌艺术是以宣扬佛教为目的的。在中古时代漫长的丝绸之路上，往来着各个国家、各个民族的人民，其中有沟通贸易的商队，有朝拜的僧侣，也有征战的军人。他们来自各地，语言、文字不通，生活习惯各异。只有通过感染力很强的艺术语言，才能沟通各民族间的宗教与文化。所以早期中国佛教艺术的形成，带有外来民族风格的影响。就从上述阿斯塔那出土的刺绣残片来看，其图案虽然在艺术上继承了汉代的风格，但是也明显带有波斯风格的联珠、对兽图案。这类图案，都源于希腊斯基泰装饰图案，在敦煌隋唐石窟的壁画、藻井和彩塑佛像的衣裙上随处可见。

另外，阿斯塔那墓地出土的绣品中，还有一种猪头纹样和新疆克孜尔联珠对鸭纹样，这是波斯萨珊王朝7世纪的装饰图案。敦煌隋代第420窟佛像衣裙上的飞马、驯虎联珠纹等（见《敦煌历代服饰图案》图版32），就是从这些波斯图案演变而来的。

敦煌艺术，不但撷取了外域，特别是印度、波斯和希腊艺术的精华，而且又因唐代文化的昌盛而充分反映了唐代艺术的独特风貌。唐代是中国古代文学艺术高度发展的盛世。当时佛教广为传播，为了用通俗的语言向民众宣讲佛经，创造了一种叫"变文"的文学体裁。最初变文只讲解佛教故事，以后才发展到讲一般历史故事。从变文的出现到题材内容的改变，说明唐代宗教生活已向世俗化发展。同样，敦煌艺术最初是用具体的艺术形象来宣扬佛经内容的，以后发展到反映当时的社会生活。在维摩诘变的各国王子出行的壁画中，人们可以看到类似阎立本画的《历代帝王图》的画面。其中各国王子的服饰、神韵、动作，无不生动活泼地表现出来，这已大大超出了佛经的内容，反映了当时的社会生活。

敦煌艺术，不仅反映了外来文化的影响和隋唐盛世的佛教美术、当时的社会生活，而且记录了中国历代的装饰图案、色彩运用和工艺技术。从敦煌壁画和彩塑上临摹下来的丰富多彩的图案，实际上就是中国历代服饰和织造、印染工艺的重要历史资料。这也是研究敦煌艺术很重要的一个侧面，但多年来却被人忽略了。

值得欣慰的是中央工艺美术学院染织艺术系结合专业的特点

对此做了专题工作，又由我的女儿——少女时代就在敦煌临摹学习的常沙娜及其同事李绵璐先生、黄能馥先生亲自到现场进行了认真、细致的收集。他们极尽心力地把重要的服饰图案如实地临摹出来，由中国轻工业出版社和香港万里书店有限公司合作出版，从而使这许多埋没在黑暗洞窟中千百年之久的中华民族文化——历代染织工艺美术的精华得以完美地再现，了却了我的平生夙愿。

今天当我执笔来写这篇序言的时候，不能不回想到个人在敦煌悲欢离合的40年，同时也回忆起20年代我刚从浙江工业学校染织科毕业而赴法国里昂勤工俭学、在国立里昂美术专科学校染织图案系攻读时的往事。当时老师告诉我们，是法国著名的机械师创造了提花织机。但是，当我1943年到达敦煌，看到金碧辉煌的服饰织物图案时，恍然悟到这些织物图案是在6世纪左右的隋唐时代绘制的，比茄卡得早1000多年，显然不是用茄卡得的织机制造的。那么，谁是6世纪时中国的茄卡得呢？是我们所尊重的中华民族古代的工艺大师们。

今天，经过中国轻工业出版社和万里书店的努力，我们终于能在这本书上重新看到灿烂辉煌的敦煌历代服饰图案艺术成果，心情无比激动。谨对为此而辛勤工作的朋友们，致以诚挚的谢意。

编者注：原载《敦煌历代服饰图案》，万里书店有限公司、轻工业出版社1986年10月。

附录一

敦煌莫高窟壁画·彩塑介绍 [1]

一 彩色画

1. 马车 原画在第 257 窟，是莫高窟晋魏壁画代表作鹿王本生故事画中的一个特写。马车的形式与一般汉画像石及壁画中所常见的有所不同。可能是晋魏时代通行在西北一带所特有的式样。拉车的白马挺秀有力的姿态，与长安附近出土的汉魏马俑有很多共同的地方。画上车的顶篷，马身，人的面部、手等，都显示出为了加强造型的立体感而加工的烘染。地色用艳丽的朱赭，既丰富了色感，也加强了壁画所要求的平面装饰的效果。

---

① 此部分是常书鸿先生为《敦煌莫高窟（366—1956）》（1957 年出版）中的配图所撰写的文字说明。为尊重常先生的原笔原意和当时的语言习惯，未对文字进行编辑加工，保持文字原貌。部分原配图已散佚，如有图文不对应的情况，敬请读者谅解。此部分标题为编者所拟。

2. 得医图　在敦煌壁画的主题内容上，并不如一般想象那样全都是远离人间的佛传上的神话故事。许多反映当时人民劳动生产和生活的各种情况，如以耕种、收割、狩猎、走马、行船、百戏等为题材的绘画，可以在各时代的壁画上找到。得医图是第217窟盛唐壁画的代表作。它是采取《法华经》药王菩萨本事品第二十二卷"如病得医"四个字的主题画成的。这幅画展示了一个大院落深处的一个厢房。在春花垂柳掩映着的华丽的内室中，床上盘坐着一个贵族少妇，一个手抱婴儿的年轻女郎陪伴着她。在画的左角，有一个婢女引导着手持拐杖的大夫蹒跚而来。这幅画，由于画家杰出的才能，运用了鲜艳的彩色和流利的线条，十分生动地刻画了"如病得医"的主题。

大小六个人所组合的场面，以及环境、室内布置，处理得十分细致，连画屏中的花鸟与胡床侧面的木纹等细节，都毫无遗漏地刻画出来，但并不感到烦琐。这画突出的地方，是画家以尖锐的眼光把不修边幅、手扶拐杖的大夫的身份（表现出来），从背侧面的角度上刻画出"大夫"的典型的性格。

3. 推磨图　五代和宋初虽然是中原战乱频仍的时代，但在敦煌曹议金三世统治中，还保留着河西一隅的偏安局面。他们创设了都勾画院和画官画士，在莫高窟创建了规模巨大的洞窟，遗留了许多反映当时人民生活的佳作。这幅推磨图，就是61窟五台山大画中的一个人民生活的特写。古代艺术家对劳动人民的生活有深切的体验，运用了带有浓厚的乡土气氛的风格，表达出如此令人喜爱的生活场面。

二 概况

1. 莫高窟全图 莫高窟在敦煌县城东南 40 里三危山与鸣沙山接壤处、大泉河床的削壁上。南北逶迤 2 公里,其中有壁画彩塑的洞窟共 480 个,如果把全部壁画连接起来有 60 里长。以敦煌研究所的周围为界,分南北两段,南段为莫高窟石窟群的精华所在,包括晋、魏、隋、唐、五代、宋、元各时代主要石窟 480 个。北段大部分为古代僧侣和创建石窟的匠师们居住的处所。其中还有北魏和元代的洞窟五六个。那一带没有修筑栈道,上去不容易,因此在有些洞中,还保存一些历史文物,如唐代将军张君义的手和元代某贵妇人残骸以及宋代回鹘文印版活字等,都是从这些窟内的沙土堆中发现的。

2. 远望莫高窟 莫高窟在一望无际的沙山尽头,戈壁中央,四无人烟,夏日远望,绿荫青葱,俨如瀚海中的仙岛。冬天大泉结成冰河,白光皑皑围抱石窟。美丽的景色,随四时的季节变化。也是沙漠中的名胜。

3. 莫高窟建窟年代的历史文献 根据现有文献,莫高窟是前秦建元二年(366)的乐僔和尚修造的。有一天,他手拿锡杖散步到莫高窟的附近,已是落日的红光照耀在古老的三危山的时候,仿佛看到这个山头上冒出万道金光,而且有千佛的形状,因此决定

敦煌千佛洞全景图　王子云绘（敦煌研究院供图）

在三危山对面的岩壁上修凿一个洞窟。这一段事迹记载在唐代圣历元年（698）的李君修佛龛碑中。现在原碑已残破不全，陈列在本所陈列馆中。

4.1900 年发现的藏经洞内景（第 17 窟） 敦煌文物研究所（编者注：1984 年扩建为敦煌研究院）现编的第 17 窟，是在 20 世纪初叶以轰动世界的新闻报道出来的敦煌石窟。这是一个可能在宋以前被密封了的密室。洞窟的封闭口上，同样画满了精致的宋代赴会菩萨像。1900 年 5 月，当时主持千佛洞的道人王圆箓，在一个偶然的机会中看见了壁墙的裂缝，因而打开了密室。在一个 3 米见方的石窟中，从地面到窟顶塞满了唐代绢画佛像以及古代汉文、藏文、蒙古文、回鹘文、古于阗文、佉卢文、康居文、龟兹文所写的佛经、道经、儒书、小说、地理志、通俗的诗歌、词曲、契约、账单、信札、状牒、醮词等，是反映六朝、唐、宋各时代的社会制度和意识形态的重要历史文物资料。正是因为这个缘故，所以为资本主义国家所谓"学者"们所知道而垂涎百尺。1907 年和 1908 年由斯坦因、伯希和等为开端，把重要的绢画和文书资料盗窃了一大半。余下的为当时清政府所收藏，当地地主劣绅们也盗窃了许多，至今洞窟中已被盗窃一空，只剩了大中五年（851）的残碑一块和北壁的一幅唐代壁画。

5.1924 年美帝华尔纳盗去的壁画 敦煌石窟的发现，轰动了全世界，于是随斯坦因、伯希和等而来的所谓"学者"们陆续不绝。美帝国主义分子华尔纳来得比较迟，当时绢画经文等拿得走的已

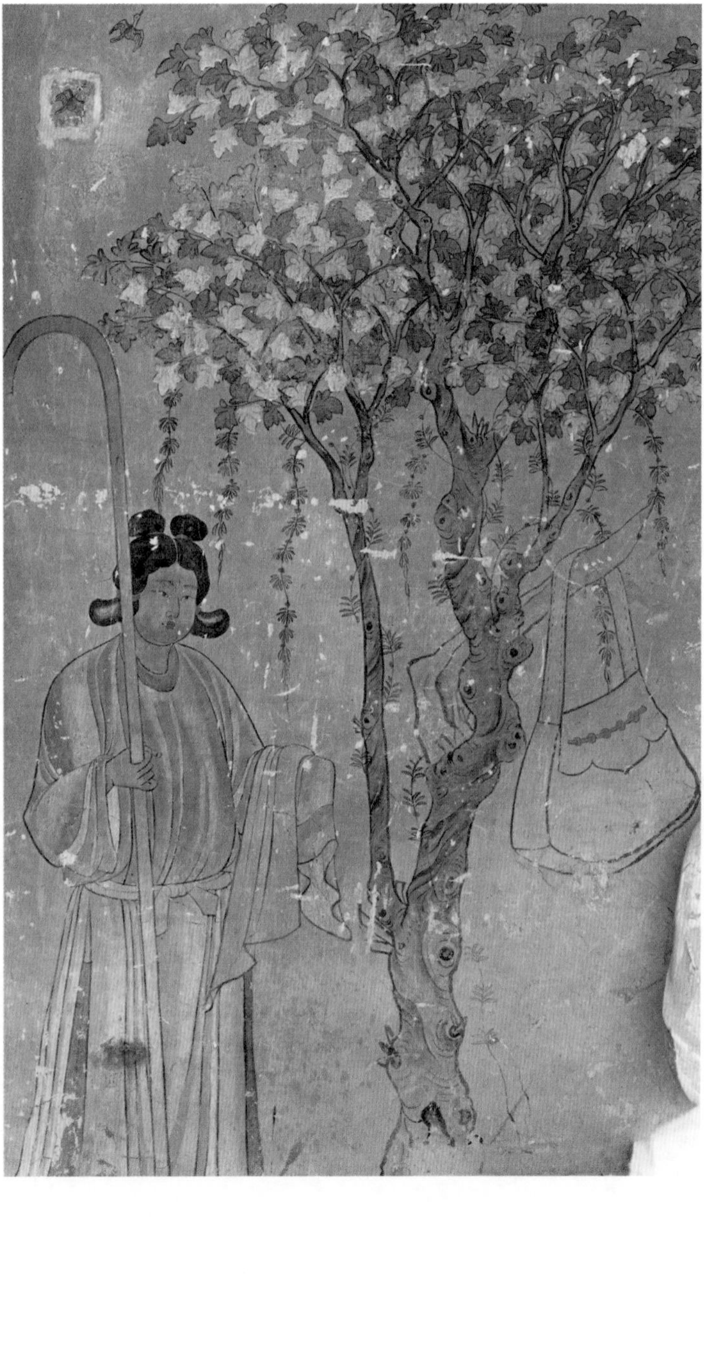

莫高窟第 17 窟　北壁　晚唐（敦煌研究院供图）

掠夺一空，他就不顾一切地采取了剥窃壁画的办法，在 1924 年拿了一套胶布铁铲等做贼的工具，拣顶好的盛唐洞窟的壁画，用胶布粘剥了二三十平方米，还盗去唐代精美的彩塑好几身。他在这一年盗窃得手之后，接着又在 1925 年和他的几个帮手卷土重来，幸而遭到当时敦煌人民的反对，使他们的罪恶计划不能实现。华尔纳在 1924 年从 320 窟盗去的壁画，现存美国波士顿博物馆。这正是美帝国主义盗窃中国文物的有力的证据。

6. 大佛殿外景　这是莫高窟最大洞窟 96 窟的外景，是石窟出土的《敦煌录》和 156 窟张议潮窟前室《莫高窟记》所谓"北大像"所在的石窟，窟高 40 米，延载二年（695）所修。佛像及石窟几经历代重修，清代修的是五层大楼。现在的九层楼是 20 年前所修建的。

7. 在修缮中的宋代窟檐　这是千佛洞现存最古的五个木构建筑的一部分。为宋初统治敦煌的曹元忠、曹延禄两代所修建。窟檐修建在隋唐洞窟的前室，斗栱梁枋结构壮实，附带着还有彩绘，是研究中国古代建筑历史的重要资料。

8. 正在修建中的防沙墙　石窟岩壁顶上的鸣沙山绵延三四十里，春秋季候风刮动时，流沙从缺口散落下来，如细雨，如瀑布，为害所至，不但磨损壁画，甚至填塞洞窟，妨碍栈道通行。为了防止流沙的侵害，本所在岩壁缺口处逐年修建防沙墙，避免流沙随时降落，对于保护石窟起着一定的作用。

9. 正在修建中的林荫道　林荫道是穿过茂密的树林通达上下寺的大路，路身由流沙积成，步行往返极为费力。近来游人车马日渐增加，为便利交通计，最近翻筑路身，用沥青铺盖路面。这是正在修筑路面时的摄影。

10. 修缮前的第236窟附近洞窟外观　解放后在党和人民政府重视历史文物的政策下，莫高窟修缮工作在逐渐展开，过去破烂的面貌也在逐日改观，这是236窟修缮前的摄影。

11. 修缮后的第236窟附近洞窟外观

12. 修缮前的第431窟宋初窟檐　这是近乎一千年暴露在风日侵蚀下的宋初木构，因年久未修，已残破不堪的情况。

13. 修缮后的第431窟宋初窟檐　这是1951年根据原来窟檐格式复原修建后的面貌。

14. 进行中的壁画临摹工作　本所中心任务，着重在发扬与保护两个方面。临摹是发扬工作中重要任务之一，有十多个专业干部长时期投入这一个任务。最近为了改进工作，推广了本所先进生产者的先进经验，采取了"三查四评"的方式，对临摹品进行检查评比，展开社会主义劳动竞赛运动。

15. 彩塑临摹工作　莫高窟内除壁画外，还保藏着二三千个中

常书鸿带领同事们进行研究工作（敦煌研究院供图）

国所特有、制作精美的彩塑，本所为了使这一门宝贵的民族遗产发扬开去，因此在临摹壁画的同时，还进行了彩塑的模制工作。

16. 在电灯光下进行中的壁画临摹工作　在改进操作方式的同时，采取了一系列的措施，改善工作条件。1954 年由于领导组织的重视，特拨专款开始在洞窟中安装电灯，消灭了过去一手拿灯、一手临摹、暗中摸索的临摹工作方式。

17. 整理研究工作　敦煌文物研究工作，包括历史、宗教、艺术各个方面，牵涉的范围非常广阔，科学的研究工作必须由佛教艺术的比较分析开始。这是同志们在常书鸿所长的领导下，进行研究工作时的情况。

18. 敦煌壁画在国外的展出　由于党和人民政府的重视，人民的爱戴，敦煌艺术在国内、国际影响愈来愈大了。解放后不但在国内举行了多次展览，还相应地在印度、缅甸等国展出，这是敦煌壁画在印度展出的情况。

19. 日益增多的参观群众　为了第一个五年计划的迅速完成，社会主义经济建设事业惊人地发展，今日的敦煌已不是"西出阳关无故人"，像古诗所描写的那样寂寞冷落，每日数以百计的群众络绎不绝来千佛洞参观。这是 1956 年一个节日参观游览者的拥挤情况。

莫高窟第275窟　西壁　交脚菩萨　十六国　吴健摄影（敦煌研究院供图）

三 壁画、彩塑

1. 交脚弥勒 早期莫高窟彩塑制作风格，主要是发现了一脉相传的民族风格，但也有受了印度佛教艺术影响的若干迹象。这个第275窟的交脚弥勒佛像，是北魏早期彩塑制作中比较完整的一个；面形简洁纯厚，含有浓厚的汉陶俑传统特征，衣褶作波浪纹，可能是受了印度犍陀罗艺术的影响。

2. 佛 这是第259窟一个早期彩塑的坐佛，头手身段全部比例匀称，面部的嘴鼻眉目刻画得极其生动，从它开朗的眉目与上翘的嘴角中，显示出一种美丽和蔼的微笑，显示着艺术家刻画入微的功夫。

3. 萨埵那太子舍身饲虎图 莫高窟壁画的内容，大体上以佛和菩萨的形象为主。佛的方面一般是以贤劫千佛和正在说法的佛与菩萨部众等，布置在壁画的主要地方。其他还画了供养菩萨、比丘和化钱修筑石窟的供养人物等。除此之外，比较具有艺术价值的，是描写释迦牟尼佛一生的历史故事和释迦牟尼佛在无数世以前舍身行善的本生故事画。这一幅以萨埵那太子舍身饲虎为题材的壁画，就是上述最常见的佛本生故事之一。故事的情节是叙述三个王子到山中行猎，途中遇见一只饥饿的母虎围绕着它初生的七只小虎，如再无食物，看样子七只小虎可能为母虎吞食。三个王子中最小的一个名叫萨埵那太子（就是释迦牟尼的前身），为了救活七只小虎，就投身喂虎，牺牲了自己。这幅画中央排列了三个人，

莫高窟第259窟 北壁东起第一龛 禅定像 北魏 吴健摄影（敦煌研究院供图）

莫高窟第 254 窟　南壁　萨埵那太子本生　北魏　孙志军摄影（敦煌研究院供图）

就是画中的主角三王子，右上角画着脱了衣服、刺伤自己的萨埵那太子，满身流血地正在舍身投入山谷。中央下面，画着母虎与小虎正在围食太子。接着左面是二兄发现尸身悲哀痛哭，最后是将白骨埋入白塔的几个场面。这个故事发展的六个阶段的情节被古代杰出的艺术家非常巧妙地连列在同一个画面上，构成一幅极其出色的连环画。其中最突出的是：这幅壁画的人物光色的处理采用了粉彩画刷，如同油画一般的画法，它们光暗背面的变化，增加了人物形体的造型效果。

4. 狩猎图的一部分 狩猎图是汉代绘画传统内容之一，是汉唐绘画常用的主题。这幅狩猎图是画在 249 窟窟顶上的壁画，这里与上述第三图的壁画不同的是在白色的壁面底色上用鲜艳的石青、石绿、土红、黑、白等色，用线条和涂抹的方式把狩猎的人、马、山、树以及野兽等，生动活泼地画上去。给我们一种中国画法中气韵生动的感觉。

5. 须达拿太子本生故事 这是晋魏人画的另一幅本生故事画。须达拿是一个以行善好施出名的王子。他父王的国度里有一个战无不胜的宝象。敌人想利用须达拿的行善好施，乔装了七个婆罗门，从山林里出来佯装疲倦不堪的样子，向站在王宫门口的须达拿王子要代步的东西，使他们可以平安地回去，老实的须达拿居然把大象送给他们乘骑。他的父王知道以后，大怒之下，立刻驱逐他离开王宫，须达拿带着他的妻子和两个儿子乘了自己的马和马车，出家修行。在旅行中，他仍旧如此乐善好施，把马和马车及自己的衣服，送给沿途碰到的向他们求乞的婆罗门，甚至一直到达他修行的住所后，还把他自己的儿子和妻子送了人。这幅本生故事画的连环画法与第254窟萨埵那太子舍身喂虎故事不同，是采取汉画像石传统那样横幅连列的格式，全部故事画分成如图的三个横条，内容大约分成九个阶段：

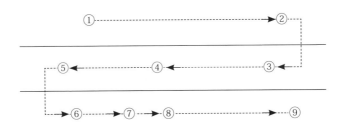

①居宫，②施象，③被逐，④辞行，⑤出宫，⑥施马，⑦施车，⑧施衣，⑨施子。故事排列如图所示第一条自左到右，第二条自右到左，第三条自左到右。这种本生故事画，不但绘画格式采取了汉画像石的民族传统，其中故事人物、车马宫殿建筑也无不是晋魏时代的民族式样。这里故事的间隔是采取了山、树、房屋的穿插，使画面在统一调和的环境中发展变化，充分显示了古代壁画匠师们的智慧与才能。

6.第285窟内部 285窟是莫高窟古代壁画中保存最好，内容最为精致的洞窟之一，根据壁画上发愿文题记，它修建于西魏大统四年和五年（538—539）。洞窟内有八个可以容纳和尚修行的龛，属于印度石窟的毗诃拉（精舍）的一个类型，装饰窟顶的壁画内

莫高窟第249窟　窟顶北披　狩猎图　西魏（敦煌研究院供图）

莫高窟第 428 窟　东壁北侧　须达拿太子本生　北周　孙志军摄影（敦煌研究院供图）

容，是以伏羲、女娲为首的龙虺、重金、羽人、飞帘、日月等主题，配合了运动着的星辰，使整个覆斗形的窟顶如行云流水般生动。它们证明了莫高窟早期壁画包含着丰富的民族因素。元代和尚在这个洞窟修行的小龛内埋葬了含有高僧骨灰的护身佛，并砌了四个半圆的塔，但已遭受破坏。除此而外，其他壁画部分没有受到什么显著的损伤，颜色鲜艳，保存良好。壁画上人物形象刻画生动，线条遒劲有力，是早期洞窟的代表。美帝国主义分子华尔纳，在 1925 年第二次带了三马车胶布"光顾"千佛洞，主要的也就是为了把这个洞窟的壁画全部剥下来，幸亏遭到当时敦煌劳动人民的极力反对，才能将它保存到如今。

7. 得眼林故事的一部分 "得眼林"故事，在唐僧玄奘的"西域记"里曾经说到过，佛经上把它说成"五百盗"的故事。故事内容是五百个强盗被官兵拿住，受了剜眼的酷刑，行刑后放逐在山林中；五百个受了酷刑的盗人呼天唤地，终于得到"佛的保佑"，来了一阵神风"吹香山药，满填眼眶"，使五百个盗人的眼睛恢复了光明，因此大家大大受到了感动，都剃度出家信佛。从这幅画中我们可以看到大统年间西魏人的服饰，战骑的盔甲、武器，以及官员们在堂上审讯及强盗受刑前后的情况，与呼天抢地的生动表情。体现了古代画师们高超的技巧。

8. 佛像三身 从魏到隋，是敦煌彩塑由晋魏人像的"秀骨清像"过渡到唐代丰满圆润人像风格的桥梁。这三身佛像，正是具体地说明了这个问题。

莫高窟第四二七窟中心柱不同面

弥勒立像与菩萨　隋

吴健摄影（敦煌研究院供图）

427a

莫高窟第 285 窟　主室南壁　得眼林故事部分　西魏（敦煌研究院供图）

9. 藻井　藻井就是洞窟的顶部，一般窟顶除中心柱的窟形作平顶的格式外，莫高窟的藻井自晋魏到宋元极大部分都是倒置的斗形。藻井上画的是图案花纹，装饰十分精美。这是 407 窟隋代藻井的一个例子。

10. 供养人的牛车　从敦煌壁画中看到的古代交通工具，除驴马外，还有车和轿。拉大车的以牛、马为主（法华经变中也有鹿车、羊车等），这是画在隋代供养人壁画中的牛车，有车篷和门帘，都是从后面出入，从这里我们可以体会到隋代社会人民的生活方式。

11. 菩萨头像　隋代彩塑作风比较纯厚、朴实，这个头像正是说明这方面的代表作。

12. 乐队　从壁画中得知中国古老的舞乐，一直就在吸取各民族的特色。以唐代为例，所谓"唐代十部乐"就是吸取了外来各民族的特点而发扬起来的结果。这幅乐队壁画，是第 220 窟贞观十六年（642）所画。不但乐器中夹杂了外来材料，就是在画上的音乐家中间我们还可以发现面目黧黑的，可能是来自印度的乐师。

13. 乘马的文殊　文殊普贤，是莫高窟壁画题材中常见的菩萨。据佛经上记载，文殊骑狮，普贤是骑象的。在莫高窟隋和初唐的壁画中，可以看到一些骑马的文殊。但这种现象到中唐以后就没有了。这幅画不但形象逼真，在动作方面也以天马行云之势，充分表达了唐代壁画中所包含的高度现实主义因素。

莫高窟第407窟　窟顶藻井　三兔莲花飞天井心　隋　张伟文摄影（敦煌研究院供图）

莫高窟第 303 窟　主室东壁下侧　供养人牛车（敦煌研究院供图）

莫高窟第 204 窟　西壁龛外北侧　胁侍菩萨　初唐　吴健摄影（敦煌研究院供图）

莫高窟第 329 窟　西壁佛龛龛顶南侧　乘马的文殊　初唐　吴健摄影（敦煌研究院供图）

14. 大佛头部　这是莫高窟记中所载的"南大像"的头部，修建于开元年间（713—741），大佛全身高 26 米，头部大约 7 米。这样大的佛头，在造型的轮廓和安详和蔼的表情上，使人感到唐代艺术匠师的高度技巧，是莫高窟彩塑中杰出的代表作。

15. 西方净土变　自隋代开始，莫高窟彩塑和壁画增添了许多新的内容。彩塑方面，有涅槃的卧佛、骑狮和象的文殊、普贤、天王、力士和供养菩萨等；壁画方面，开始了以佛经为主的大幅构图，这种构图大体以佛经内容信仰主宰（如西方净土变中心的阿弥陀佛等）的佛像为中心，周围画了属于这个主尊的部众随从和这个主尊所属的净土（即领域）内的诸种活动，和一些重要的便于用形象来表达的佛经故事画。这样描写佛经的绘画，在佛教艺术的术语中称为"变相"或简单地称为"变"。西方净土变，就是描写无量寿经的阿弥陀净土中的佛与菩萨画像及有关的种种故事变相。这是第 172 窟盛唐画的西方净土变。人物形象生动，结构严密，殿堂、楼阁、光线、色调，都是合乎透视原则的，古代画师们生动地描绘出西方极乐世界种种快乐幸福的场面，借以引起当时信徒们向往的热忱。

16. 飞天　在敦煌壁画中能够代表古代艺术家丰富想象力的，是装饰在青白的天空中的五彩美丽的飞天，她们是佛教艺术中称为香音之神的能奏乐、善飞舞、满身香馥美丽的菩萨，唐代画家运用轻软绵的长飘带，上下转动，使这些美丽的天神忽上忽下，左右回旋，做出无穷姿势和动作。艺术家们这些杰出的创造，赢

莫高窟第130窟 倚坐弥勒像（南大像） 盛唐 吴健摄影（敦煌研究院供图）

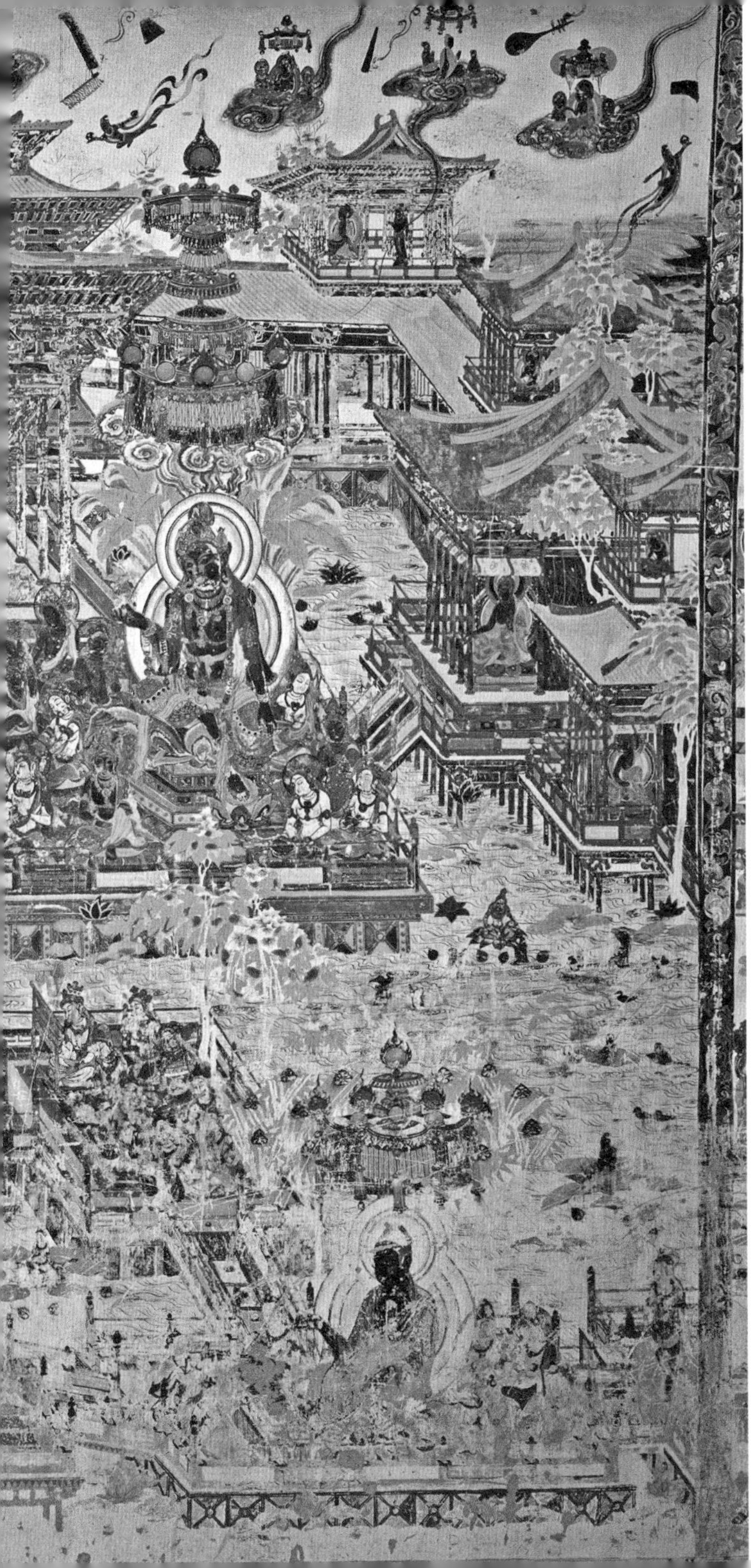

莫高窟第172窟　北壁　观无量寿经变　孙志军摄影（敦煌研究院供图）

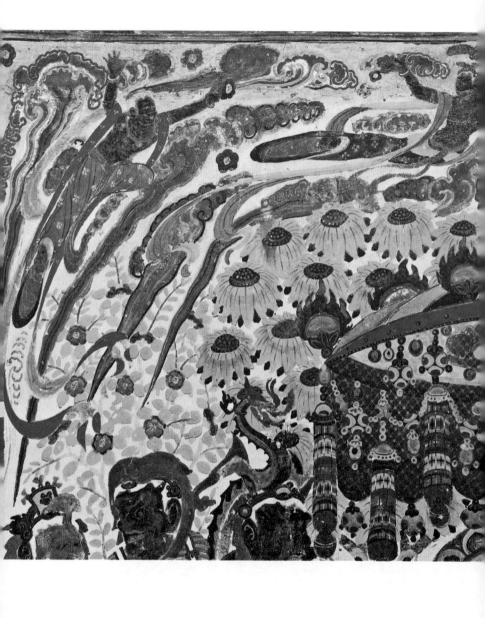

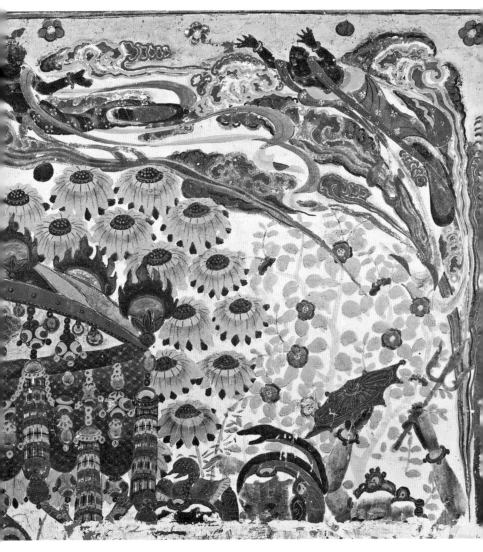

莫高窟第 320 窟　主室南壁上方　散花双飞天（敦煌研究院供图）

得历代人民的喜爱。本图是盛唐人所绘,最受广大人民喜爱的飞天之一。这些飞天的身体原来都是淡红的肉色,因为年代久远,银朱和铅粉调和的淡红经过氧化后,有些虽然已变为黑色了,但一样受到参观群众的喜爱。

17. 法华经变中的幻城品 法华经变,是莫高窟隋以后早期的经变画中最常见的经变画之一。幻城品是穿插在经变构图中最为人喜爱的故事画,它的内容主要描写出家修行的人在放弃了世俗享受以后,一路上所经历的种种考验。"幻城"是出家人在长途跋涉疲惫不堪之后所幻想出来的安身栖息的城市。这幅画是第217窟盛唐人画的最精彩的壁画构图。它不但富有感染力地刻画出主题内容,而且至今是保存得最为美好的用青绿画成的山水壁画,画面上细致生动地用山水,用花木树石,用蜿蜒曲折的小径溪流,重山叠峦,表示出中国绘画中的意境。这个意境,因为自近而远的人物穿插更显得引人入胜。

18. 彩塑三身(佛、阿难、菩萨) 唐代彩塑和唐代壁画,不但色彩富丽,形体生动,就是神志表情方面,也突出显示着进一步的提高。这幅画充分地表现了佛的庄严,菩萨的美丽和释迦弟子阿难的聪明。是唐代写实技巧发展的一个例证。

19. 菩萨头像 这里虽然以菩萨头像为标题,但整个造型给我们的感受并不是宗教上的"神"像,而是活生生的人像,一个唐代中年妇女美丽的肖像。通过这个菩萨像,我们理解到唐代高度

莫高窟第 217 窟　南壁西侧　法华经变之幻城品　盛唐　孙志军摄影（敦煌研究院供图）

莫高窟第 328 窟　西壁龛内　彩塑三身　初唐　吴健摄影（敦煌研究院供图）

莫高窟第一九四窟　菩薩　盛唐　吳健攝影（敦煌研究院供圖）

的写实技巧。即使是宗教题材也必取法于人，而使其成为惟妙惟肖感染极为深刻的艺术品。

20. 力士像　这是上述同一个洞窟（194 窟）的力士彩塑，与第十九图相比就可以认识到两个不同的典型给予我们不同的印象。古代艺术家在刻画不同的形象、不同的典型人物的时候，首先抓住对象的特点，运用杰出的技术，从而赋予以真实的生命、力量与情感。在这两个并列的不同的典型彩塑之间，我们明确地感到：一个柳眉蛋脸的中年女性所表示出来的和平安详的神态，与一个赤身裸体结实勇敢的壮士，显明地表现出两个不同性格的典型。

21. 涅槃像一铺　一般说来，敦煌彩塑并不是有集体构成的意味的，摆在佛龛上的佛、菩萨、比丘、天王、力士像等，是分散地组合在一起的。这一铺涅槃像，是释迦牟尼佛死后诸不同修行信徒们围绕在他周围的群像。艺术家巧妙地把不同表情的人物组合在一起。这是一铺各种人物面部表情特写集中表现的群像。它们虽然经过后代重修，但大体上仍保留着原作的精神。

22. 第 159 窟内部　159 窟是唐代早期的一个代表窟，壁画彩塑制作精美，而且保存完好。这幅图中，展示了敦煌壁画和彩塑的相互对照，相互辉映的丰富灿烂的内容。

23. 张议潮统军收复河西图　张议潮是晚唐时代率众起义收复河西的将军，当时被封为归义军节度使。这是第 156 窟张议潮修

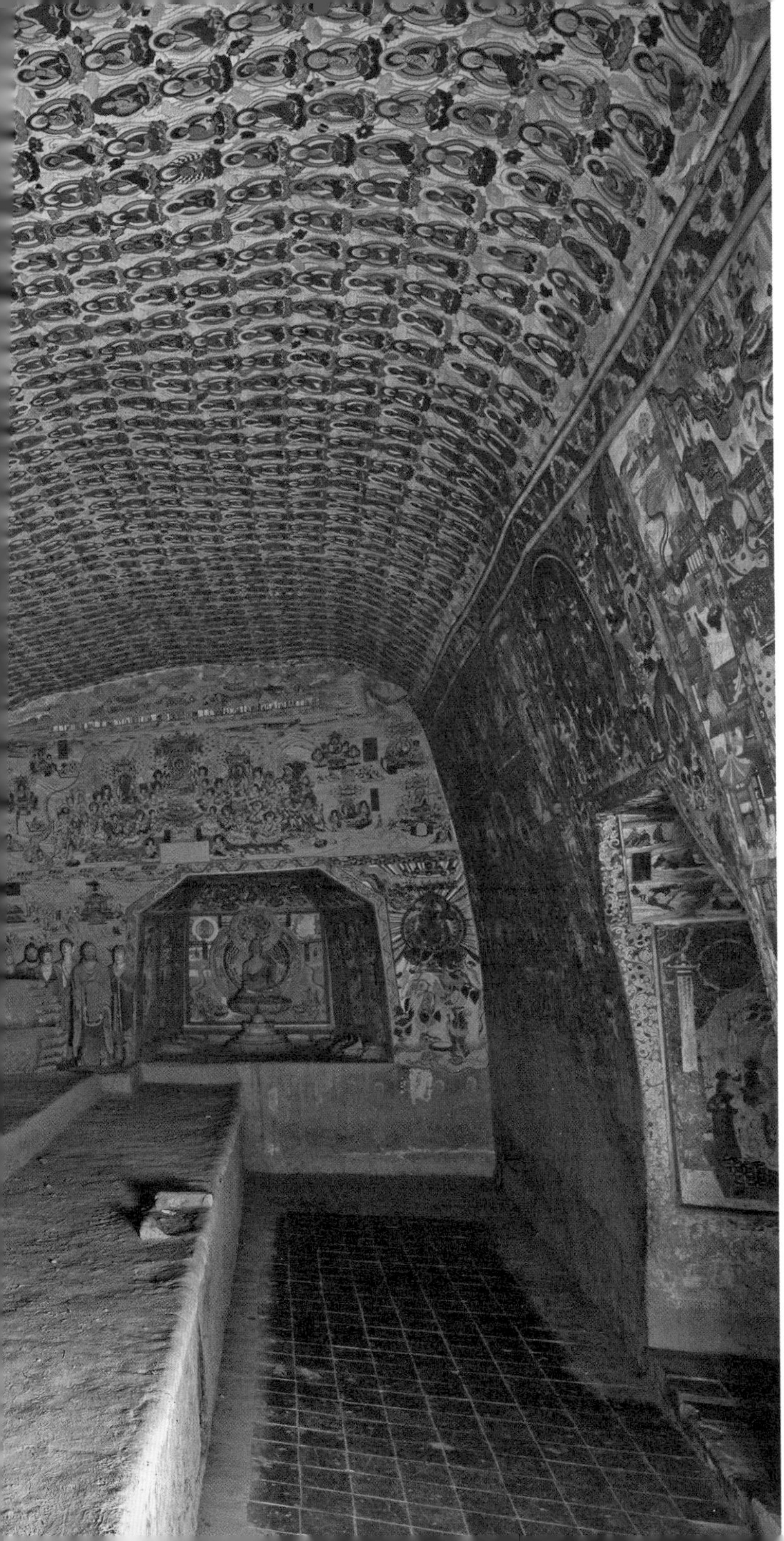

莫高窟第 148 窟　涅槃像　盛唐　吴健摄影（敦煌研究院供图）

莫高窟第 159 窟　帐形龛殿堂窟　中唐　吴健摄影（敦煌研究院供图）

凿的旧窟，窟门甬道南面画着张议潮的画像，北面画着张议潮夫人的画像，洞窟的东南北三壁下半部分画着两幅长达七八米的长卷连环画。这一幅是画在东南壁面的《张议潮统军收复河西图》。连环画是从南壁的西头开始的，前面画着骑兵仪仗手执长角和旗号，接着还有一队舞乐，中间画着收复河西的主角张议潮骑着红鬃马，停在柳暗花明、景色如画的桥边，他的后面是旗号和一群正在一边打猎一边行军的武士，持弓执箭追逐野兽。全画以人马为主，生动活泼地刻画出收复河西的胜利行列。

24. **宋国夫人出行图** 这幅画与《张议潮统军收复河西图》相对，是画在156窟东壁和北壁的一个条幅。画的内容正如榜书所题是张议潮的夫人《宋国夫人出行图》。这幅画以百戏舞蹈的场面开始，接着有音乐队、行走的马车、八角形的轿和随从仕女，画中主人宋国夫人同样骑在一匹高大的白马上，后面还有打猎的队伍和驮着酒食的骆驼等。这幅《宋国夫人出行图》与上面《张议潮统军收复河西图》，同样是以现实生活为主题的创作。它们可以与一些留存到现在的著名卷轴画如顾闳中的《韩熙载夜宴图》，或张择端的《清明上河图》等相比拟。作者不但充分体现了当时人民生活的实质，并且通过艺术家杰出的才能，使它们以如许生动的形象和富丽的色彩表现出来，流传到千余年后的今天，是十分珍贵的艺术遗产。

25. **仕女像** 千佛洞壁画大体是金碧辉煌，具备着富丽的色彩，但也有单以墨线作白描，略施淡彩属于吴道子的"吴装"的画风。

莫高窟第 156 窟　主室南壁　张议潮统军收复河西图（敦煌研究院供图）

这一幅画是 1900 年发现的藏经洞壁上的供养仕女画像，虽然简单几笔，但神韵风姿已全部活跃在画面上，是一幅有高度艺术成就的壁画。

26. 于阗国王像 于阗国王，是五代统治瓜、沙二州的归义军节度使曹议金的女婿。他修建了一个规模巨大的洞窟，就是第 93 窟。这个画像，是莫高窟所有供养人画像中最大的一个，全身佩戴了许多翠色的宝石，也显明地说明了这个"王之国"的国王的面貌。

27. 彩塑五身 五代彩塑遗留的不多，这是比较好的几个代表①。

28. 第 61 窟内部 61 窟是莫高窟规模最大、内容最精美的洞窟的代表。这是五代曹议金孙子曹延禄在与他的表妹于阗国王第三公主结婚时所修建的。它是曹家三世统治敦煌时代对莫高窟艺术的一个伟大的贡献。这个洞窟中有一幅 13 米长、4.5 米宽、以描写文殊菩萨道场为主，并穿插了建筑、人物的五台山全图，有 35 幅巨幅的佛传故事画，有 11 幅大经变，和几十个大与等身的供养人画像。全窟壁画保存完好，因此，进入这个洞窟，就使参观的人感觉到敦煌石窟艺术的宏伟与精致，给我们以难忘的印象。

---

① 编者注：原书配图采用的是莫高窟第 55 窟中心佛坛彩塑五身。莫高窟第 55 窟的窟主为曹氏归义军第四任节度使曹元忠，曹氏归义军是五代、宋朝时期敦煌的地方性政权。以第 55 窟修建于公元 962 年前后的时间计，此窟彩塑应为宋代塑像。

莫高窟第 17 窟　北壁　近侍女　晚唐（敦煌研究院供图）

莫高窟第 98 窟　东壁南侧　于阗国王李圣天及夫人曹氏　五代　吴健摄影（敦煌研究院供图）

莫高窟第55窟　彩塑五身　宋　吴健摄影（敦煌研究院供图）

莫高窟第 61 窟　内景（敦煌研究院供图）

29. 婆臾仙 这是元代壁画的代表。神态生动，线描遒劲有力。

30. 密宗曼荼罗 元代壁画内容较前已有显著的改变。这是以怖畏金刚为主的密宗佛画。

莫高窟第二窟　主室北壁　婆薮仙（敦煌研究院供图）

莫高窟第 465 窟　主室南壁　密宗曼荼罗　元（敦煌研究院供图）

武威出土的东汉铜奔马——学习祖国历史文物笔记

铜奔马出土的甘肃武威，是汉代建立起来的河西四郡（敦煌、酒泉、张掖、武威）之一。四郡的建立，进一步保护了河西走廊的安全，使丝绸之路畅通无阻，保证了中国与西亚乃至欧洲的友好往来和文化交流。汉武帝在建立河西四郡之后，一方面大量移民，另一方面修筑了一条从陇西开始接连秦长城向西延伸长达万余里的新长城。沿长城每隔五里（2.5公里）一个墩，十里（5公里）一个烽火台，并驻有戍卒瞭望。遇有敌情，白天举烟（称为烽），夜间举火。白天举烟时的"烽表"是用辘轳把积薪苇炬点燃，提升到三五丈高的杆上，天气晴朗时远在15公里外就能看到，从这个烽火台传到邻近的下一个烽火台，是采取紧急行动的信号。然而，风沙雨雪来临，烽火台上的"烽表"难于燃点的时候，突然发生了敌人来袭的紧急情况，就必须设法解决警报的传递。在这十万火急的重要时刻所能采取的唯一办法就是需要一匹由一个勇敢健儿乘骑的好奔马，突出重围向关内告急。正如唐代诗人王维所描写的：

十里一走马，五里一扬鞭。

都护军书至，匈奴围酒泉。

关山正飞雪，烽火断无烟。

在这首诗里，诗人用数字形象而生动地刻画出"走马"在"一扬鞭"的瞬间飞奔十里及时送到了军书。由此不难看出，马在古代社会中的重要作用。历史上著名的天马，就是汉武帝在太初元年（前104）兴师动众地派遣贰师将军李广利等横渡塔克拉玛干大沙漠，越葱岭，经过千辛万苦才得到大宛著名的3000匹汗血马。据《汉书·武帝纪》载，汗血马又称天马、踏石、汗血，是说这种马，蹄坚硬，在飞奔时踏到石头上就会显出马蹄的印迹，前肩流汗，色红如血。

历史上记载着天马的来源和特点，诗人歌颂了它的神速和作用。对于从事艺术工作的人来说，如何用艺术的语言来成功地塑造出天马的造型，能够排除地面障碍、凌空介乎"飞"与"奔"之间的"空行"的神速，却是一个困难的课题。记得1951年在北京举行敦煌文物展览会时，我和徐悲鸿先生谈论壁画，曾经从敦煌壁画中北魏的马、唐代画家韩幹的马，谈到印度、埃及、希腊的马和法国19世纪以画马出名的吉利古尔（1791—1824）的马。我们当时共同感觉到这些古往今来的"马"好是好，但还没有创造出"天马行空"的理想神态。徐悲鸿先生说："画马的难处在于不但要画出马的神速，还要画出马的烈性，像'红鬃烈马'那样'拼命'的性格。吉利古尔的马速度好像已画出了，但看不出马的烈性，气吞河山的烈性。"也就是缺少南齐画家谢赫在评西晋画家卫协作品时所颂扬的"形妙而有壮气"的中国艺术传统。徐悲鸿先生是画马的行家，但是他十分谦虚地说："画了数以千计马的草稿，但至今还没有一幅使自己满意的行空 gallop（马的四个蹄子同时离地飞奔）的马。"

今天武威雷台出土的铜奔马，就是我们在 20 余年前纵览古今中外未曾见到的一件珍贵文物。奔马高 34 厘米，长 45 厘米，是东汉（25—220）无名艺术匠师用高度的智慧、丰富的艺术语言、深刻的生活体验简练而有力地表达了我们民族艺术传统中"形神兼备，气韵生动，形妙而有壮气"的杰作。作者以娴熟精深的技巧，把奔马所具备的力和速度融合成为充沛的气韵，浑然一体地灌注在昂扬的马首和饱满健壮而流线型的体躯、四条正在飞奔的腿、踏石有迹的马蹄上。作者以经过长期对骏马性格和生活的体验，塑造出一个气吞山河、昂首长啸的马头，并将头上一撮鬃毛扎结成流线型的尖端指向马尾，又经过高度意匠而产生出来彗星一般的尾部。奔马的造型、结构，就是这样前后呼应、上下呼应地使我们仿佛觉察到"奔马"周围存在着一股风驰电掣飞速前进的电流，一股看不见的电流，在带动"奔马"飞行。实际上这是一件静止的文物，却由于无比智慧的造型和结构，使我们不禁联想到《汉书·天马歌》中"天马徕，开远门。竦予身，逝昆仑"的日行千里的神话传说故事及其现实意义。这个现实的意义得来并不是那么容易的，因为要把地面跑的马变成"行空"的天马，其间有速度和重量的矛盾，容易做神话般的浪漫主义的设想，但不容易捉摸超现实的现实。对于一个具有三度空间、有重量、有体积的铜奔马来说，既要塑造出天马"矢激电驰"那样动的速度的形态，又要达到平衡稳定的效果。如何解决这个矛盾，从来都是雕塑家面临的一个突出的问题。雕塑家在设计创作的同时就要考虑到，作品创作完成后如何能稳固安定地展示在观众的面前。这就是东晋画家顾恺之评论卫协的画时所说的一个艺术家应该具备"精思巧密"的"巧"字。在创作的时候，每一个作家都要绞尽脑汁，凭自己的智慧和"巧妙"来解决这个问题。例如，有一件比东汉铜奔马晚 1000 多年的意大利文艺复兴初期以擅长建筑透视造型著称的、被誉为当代雕刻大师的多那太罗（1386—1466）的《格太梅拉达骑马像》，它在欧洲古代文化美术历史中一直被誉为有高度现实主义风格的伟大作品。多那太罗所塑造的全身武装的格太梅拉达勇士乘骑的大马，是一匹正在迈出前右腿开始把马蹄提到刚离地面的时候。作者为了使马身稳定，简单采用一个铜圆球垫在马蹄之下，其结果恰恰相反，给人以动摇和不稳定的感觉。美术史上也常常可以看到一些背上插着两个翅膀的马、龙、蛇、人，或用云彩衬托，作者挖空心思地表示它们在飞翔。其结果，使神话传说停留在神话传说上，格格不入，没有现实意义。相形之下，现在再来回顾一下铜奔马的创造者，千数百年前出生在武威地区长城内外的无名匠师，当他成功地塑造了三足腾空的马之后，如此奇妙而智慧地把右后腿的马蹄轻轻"摆"在展翅飞行的燕子背上。在这里，我不用"踏"字来说明马蹄与飞燕的关系，而采用了"轻轻'摆'"的字眼，因为从"奔马"的整体造型中可以发现接触到飞燕的马右后腿正是处在从后面回收到休息的瞬间，实际上也就是奔马四足腾空的瞬间。否则，"马踏飞燕"会给我们以马要坠落的不安定的感觉。作者的智慧和巧妙，就在于选择了这一最好的侧面，成功地塑造了一个完美无缺的"天马行空"运动速度和整体重量平衡的造型，是现实与想象的结合。不仅如此，作者高于生活的创造还在于飞燕与马蹄对话的描写。请看：那只在一个偶然的机会与天马巧遇于同一个空间与瞬间的飞燕，不是正在全速飞行中回过头来唠叨什么似的与马蹄对话吗？如果作者没有高度的智慧和饱满的创作热情，绝不能创作出如此深入浅出的刻画入微的高于生活的艺术杰作。

学习甘肃武威出土文物铜奔马杰出的塑造，进一步认识到毛主席所说的"离开实践的认识是不可能的"这个真理，从而使我们更深切地知道离开生活的创作也是不可能的。不能设想，如果唐代诗人王维没有到过河西走廊，没有在长城内外深入生活进行观察和体验就能写出"十里一走马"的好诗。同样的，若铜奔马的作者，没有在烽火台上当过戍卒和卫士，没有生活的长期观察和体验，没有经过深刻的分析研究，怎么能把奔马的各种特点集中起来，怎么能凝结成一件源于生活而高于生活的空前完美的艺术作品呢？

这件由封建社会手工业艺术匠师所创造的铜奔马的发现，不仅给我们民族艺术遗产的宝库增加了新的珍贵品，而且给今天的美术工作者以批判地继承遗产和提高创作能力的学习机会。

编者注：原载《光明日报》1973年1月6日。

铁马响叮当

> 时间在流逝，莫高窟铁马的叮当声不息地在召唤："叮当！叮当！"

一　童年生活

我出生在一九〇四年（光绪三十年）阴历二月二十一日午时。小时候经常听母亲说，这一年是龙年，我这条午时雷雨交加中出生的"龙"，是一个很好的兆头。

我没有看见祖父，听祖母说，祖父是东北黑龙江镶黄旗的蒙古族人，一个派到杭州来驻防而安家落户的小军官。祖产房子在杭州旗下营（现在是新市场），在西湖边上。我父亲是黑龙江一个八旗工艺厂的录事。我祖母生了四个男孩子和三个女儿。我父亲排行第一，是长子，二叔很早就死去了，我只知道有一个二婶，三叔、四叔都是残废，据说三叔是小时候在学堂中荡秋千时跌坏的，后来双腿全部瘫痪不能起来。四叔也是跌坏的，因骨折致残，后来扶着凳子才勉强能够走路。另外还有三个姑母，大姑母出嫁了，二姑母曾在南京金陵女子神学院读过书。我母亲生了五个男孩子，我是老二，下边还有三个弟弟。二叔也有四个孩子。一九一一年辛亥革命后，清朝被推翻，取消每月给男丁的官饷，从此，这个二十口人的家庭就全靠我父亲每月二三十元工资收入来维持生活了。

辛亥革命那年我才七岁，记得一个夜间，范台街起了大火，把西湖映照得一片通明。当时，全家二十几个人中，只有祖母又惊又怕地带着我从西湖逃到南高峰，躲在一个破庙的大殿里。在清冷的月光下看到神像阴森森地举起双手像要扑过来似的，令人毛发悚然，我联想到沿路听人说，现在清朝倒了，要杀满人，更加不寒而栗。我向还在哭泣的祖母说："我们会被杀吗？"祖母望着在我们头上举起双手的雷公菩萨说："……这只能听天由命呀！""这只有菩萨来保佑了！……你睡吧！奶奶在这里，不怕的！"在祖母低弱的哭泣声中，我带着一种幼年初次遭遇的极大恐怖渐渐蒙眬地入睡了。

第二天早晨我醒来时，看到庙里已挤满从城里逃出来的男女老少，祖母问他们城里的情况，他们便说起要"杀鞑子""剪辫子"

等的种种传闻，这使我们又是一阵心惊肉跳，祖母在轻轻地念阿弥陀佛，我抱住她也不敢多讲话了。躲在庙里，最使我难过的是不知道家里母亲和弟弟们的情况。"是不是都被杀了呀？"祖母一直在隐隐地哭泣，但当我问她时，总说："不要紧的，孙儿！我们家中并没有作孽，祖宗会保佑我们常家的……"我们在南高峰又心惊肉跳地度过了一夜，第三天早晨传来消息，城里一切照常，并没有杀"鞑子"，也没有打仗，等等，我们这才放心了。后来，我们回到城里，果然平安无事，一家人又团圆了。

辛亥革命以后，一家人中原来十五六个男的领的皇恩官饷被取消了，这一来，二十多人的一个大家庭，每月的开销单靠父亲一个月二十几元的进款来维持，实在是艰难至极。我的二姑母是个基督教徒，会英语，她从南京金陵女子神学院毕业后，当了我家附近湖山礼拜堂美国浸礼会名叫福姑娘的女牧师的助手，她一直没有出嫁，想方设法地替家中人张罗工作。瘫痪的三叔很聪明，从小就爱绘画，这时，在二姑母鼓励下，开始用一只手练习绘画，经过一段艰苦磨炼，已能描绘些山水、花鸟和儿童百戏的小画片。之后又由福姑娘来指导，让他画过年过圣诞节时用的有中国风味的彩色贺年片或贺圣诞节、贺复活节等用的画片，因为这些画是出于这个残疾人的手笔，画技还不错，加上福姑娘的宣传，因而能卖一定数目的钱，用以贴补家用了。此后，三叔还经常叫我们帮他填颜色，摹写画稿。

二姑母是一个虔诚的基督教徒，她不顾祖母和母亲的反对，组织我们全家的弟兄，做家庭礼拜，要我写赞美诗，每个礼拜天下午，我们大大小小坐在一起，由二姑母主持，唱赞美诗，做礼拜。记得她为了鼓励我们坚持下去，还用钱来买动我们，比如每做一次礼拜给一个铜板，如果我给她写一张赞美诗的挂图，她便加给几个铜板等。我母亲和祖母虽然反对，但由于二姑母这个办法，既给我们钱做工作，又不再吵闹，也只好听之任之了。

有时二姑母还带了福姑娘来家中，取三叔的画片，看望我们。在我的记忆中，那个福姑娘身材很高大，已上了年纪，但还穿着很好看的花布长袍，戴一顶花布帽子，夏天还带一把花布小伞，她非常客气，来时总给我们小孩子每人一块美味的奶油巧克力糖，对三叔的小画片总是称赞。记得有一天还把他正在一只手作画时的工作情景，拍了一张照片，二姑母说这是为了去美国宣传。三叔就是这样拖着残疾之躯艰难作画……因为这也是一种救济事业，他的画对我们家来说也是一笔不小的收入。二姑母因有肺病，她每月的工资基本上是照顾自己，饮食比较好一点，她经常给我们几个听她话的侄子一些好吃的东西。

全家经济仍是很困难的，尤其是我们十个兄弟姐妹都逐渐长大了，光是二十几口人的粮食，每月都需要三四十元。为了增加收入，父亲让我们搬到涌金门外荷花池头（现在的柳浪闻莺）一处闹鬼的房子去住，把自己在新市场闹市的房子出租给别人。我们搬出祖产时，祖母很伤心地哭泣着，不愿意搬，我也十分留恋。因为祖产房子颇为宽敞，是一个房舍严整、花木葱茏的院落，可说是我童年的"百花园"了。记得院前有一棵大槐树，枝繁叶茂，夏天蝉在树上欢鸣，鸟儿枝头叫唱。我曾养了一只小鸟，在三叔的帮助下，我居然把它训练得可以断线放走，又可叫回来，小鸟还可按我说的去墙上含一个红绒球，或跟着追一朵绒线花。我不玩的时候，小鸟就在大槐树上玩耍，饿时就来向我叫着要食，十分有趣。在祖房后面小天井里还有一口很深的水井，每到夏天，我们用它来冰镇西瓜，又凉又甜。后园还有一棵很大的黄白相间的木香花，还有桃、樱桃、枇杷等果树。到了春天，尤其是到了我们祭祖的那天，我们可去后园里吃樱桃，把一串串的木香花采去送亲友；买些鸡鱼等好吃的东西，并买一只全羊，吃羊汤饭，邀请亲戚来我们家里举行宴会。每到这一日，我母亲就梳起钗子头，脸上涂粉，抹上胭脂，像《四郎探母》戏里一样地穿着绣花的长袍，脚着木头的鞋子，头上插着翡翠的钗子，走起路来一步一摇，我感到既新奇，又有趣。但这都是我小时候一种美好的回忆，自从辛亥革命以后已不再举行了。

当我们搬到荷花池头时，我发现这座房子，比我们祖产还要宽敞，房前就是一个荷花池子，门前还有两棵大槐树。那是暮春时节，荷花池中翠绿的荷叶亭亭玉立，洁白、粉红的荷花含苞待放；池子里、荷叶上蹲着不少碧绿的青蛙，看见人来了就扑通一声跳下水去；在清亮的池水里，我们可以见到一群群小鱼在戏游，小虾在纵跃，螺蛳也在堤边石缝里缓缓移动；有时还可以看到一条大黑鱼带着一群小黑鱼在荷叶影子里游动，那些小黑鱼黑头黑尾，扁嘴巴，随着母鱼游来窜去，十分招人喜爱。我看到这些景致，原来搬家时的怨恼一下子飞得干干净净，对新家顿时觉得非常满意了。

我跑到后园里，那里有四棵橘子树，正在开花，散发着像代代花一样的一股扑鼻的奇香；此外还有不少玫瑰花、桂花，花气袭人，沁人心脾。在地面上有成排的花盆，好像是一个花圃。我满意地翻开了一个大花盆，想看看盆底有没有蛐蛐，忽然看到一条黑身黄足红头的大蜈蚣，吓了一大跳。一个邻居的儿童对我们说，这屋不但闹鬼，还有大蛇、大蜈蚣精、狐狸精呢！我说，不怕，我不怕鬼，不怕蛇，不怕蜈蚣。我接着问邻居的孩子，这里一定有蛐蛐吧。"有，有……"说着，那个小伙伴领着我来到我们房子后面的围墙外，这是一个十亩园，他指着那边说："看，在那里，你如果不怕的话，可以去死人棺材里捉蛐蛐，骷髅中的蛐蛐是最好的，有的是！"这小孩子叫阿五，和我年龄仿佛，从此我们成了最好的朋友。

这天，在对新房子经过初步巡礼一周后，我对妈妈和奶奶说："这里非常好，比我们原来祖产房子还要好呢！"妈妈累了一天，要我赶紧休息，我却一直在想，这么好的环境，钓鱼和兜螺蛳也可以解决我的副食问题了。我在临睡前选了几根钓虾的丝竹杆子，用缝衣针做了几个钓虾的钩子，匆匆上床就睡着了。忽然我为玻璃窗外的月光照醒了，我蒙眬地以为天亮了！看时钟才五点，东方有一点白光了，我披衣起床，赶忙跑到大门外荷花池的水岸上，看到黑黝黝的河虾都爬在近水面的石头上，我高兴极了，急忙沉下鱼钩，竟不费力地钓了大半面盆活虾，我在盆上面覆盖了鱼草，端出来，悄悄地煮了一锅水泡饭，准备好上学的书包，做好了这一切已是上午六时半了，我又悄悄地和妈妈说，泡饭已煮好了，今天中午蒸虾当荤菜，再炒一点盐菜，中午饭解决了。妈妈抚摸着我的头，整整我的衣襟哭着说："好孩子……你上学路上不要跑，好好读书！"

二 上学与工作

我的启蒙学校是涌金门内运河下的时敏小学，校长姓章，是一个对学生非常严厉的教书先生。

一天早八点的时候，母亲带着我去这个学校。我记得当时母亲还给我带了一包香烛，虽然封建王朝打倒了，但当时的小学课堂中央还挂了一个小木龛，里面有一个"天地君亲师"的牌位。入学仪式是：先点燃香和蜡烛，我先对牌位行了三鞠躬，再转过来对校长也行了三鞠躬，然后校长指定了我坐的位子，这便是正式入学了。因为在这之前，我已在一个亲戚的私塾中上过学，所以我进学校就插班在初小三年级，一年之后就上了高小。

进入了高小，我结识了一个名叫陈永安的同学，他比我大几岁，不但功课好，而且能画中国山水画。我因从小就跟着三叔学画画，后来又为了解决家庭困难，学会了用画像的炭笔去画人像，有时画一张二十四英寸的可以卖二十四元钱，故此，我俩志趣相投，很合得来。我喜欢画画，但不喜欢像《芥子园画谱》那样，用圆圈画梅花，写个字当竹叶，我不理解这种表达方法，我喜欢能够表达人物光暗的西洋水彩和油画，不懂水墨画。我跟陈永安画了一段时间国画后，感到国画太抽象，不写实。所以后来就自己找《东方杂志》上印出的彩色泰西名画，觉得还有趣味，有人劝我考上海美专，但父亲不肯，说："你画画不能当饭吃，家里这许多人口，生活这样困难，怎么办？"我想了一想也确是如此。

我在高小毕业后（大约在一九一八年），父亲强调要我投考工业学校。我在犹豫不决时，忽然听说中学的一个教员要去考留法勤工俭学，那时我才十四岁，怀着一种斗争的心情，我悄悄地向他问明报名的种种办法，便背着父母报上了名，但这次因为不会法文没有被录取。不得已，我只好遵照父亲的旨意投考浙江省立甲种工业学校的电机科。虽然被录取了，但因为数学考试成绩不好，第一个学期期中考试时得到了不及格的考分。于是，又改选择了染织科，因为在染织科里，有染织图案和染色等科，总算还有一点绘画造型的意趣。

我转到染织科的时候，碰到一个和我意趣相同的同学，他的名字叫沈西苓，是沈兹九先生的弟弟。他的父亲是浙江规模最大的伟成丝织公司的负责人之一。当时沈兹九先生已在日本帝国美术大学留学，沈西苓也是非常喜欢绘画的，但他父亲为了他能继承父业，一定要他学染织，这样一来我们俩在染织科成了志同道合的好朋友。我们常常去看染织图案，对好看的各种染色绸布，进行研究、讨论，互相帮助，互相修改，我们从染织图案的纹样造型和色彩联系到西洋画坛上的各种流派；从绸布浸染的色彩变动议论到哥根（即高更）在答伊底（即塔希提岛）土人服装色彩的启发下创造的象征主义画派。我们还悄悄地参加了由名画家丰子恺、周天初等人组织的西湖画会，这个画会里有不少青年学生和业余美术工作者。我们每逢星期日或假日一同到西子湖畔去写生，各自选择名胜古迹，孤山的红梅与平湖秋月的莲花等等，并把写生作品在茶馆或饭店陈列展览，互相批评以资改进。我特别爱好人物，从各种画刊杂志中搜集国内外有关泰西（旧时泛指西方国家）名画之类彩色画片，在家临摹，为了减轻日渐衰落的家庭负担，我还抽出时间用木炭画像。

一九二三年，我们已学完浙江省立甲种工业学校的课程。按照这个学校的制度，每年要收留各专业成绩优秀的毕业生在学校里做教学工作。在毕业典礼上，我被宣布留在母校，担任染织科纹工场管理和预科的美术教员，沈西苓的父亲也决定让他去日本自费留学。我们在离别前依依不舍，希望能够再共同走上新的学习岗位。但由于我家庭困难，尽管西苓和他父亲已同意资助我同去日本，我们还是未能同舟共行。当时，我自己还有一个更高的奢望，认为学洋画去日本不如到法国巴黎去，我想日后努力争取到法国。

是年秋季，我开始走上母校给我安排的新的工作岗位，先去纹工场报到。这个工场原来的管理员都锦生，就是后来杭州很有名的"都锦生丝织厂"的创办人。纹工场是设计制作丝织物纹样图案、意匠的工场，从事制图、意匠、纹板轧制等一系列准备工序，使纹织物通过提花机生产漂亮的杭州特产丝绸和华丝葛之外，还可以制织各种风景、肖像和人物的丝织物。这个工场里，既有美术的图案绘画，也有机械的工业制造，这是我在五年学习中所通晓的工艺美术。都锦生是我的老同学，他那时已在自己家中装备了一个小作坊，利用学校纹工场设备开始生产织锦和西湖风景丝织物等，因此，他希望早一点离开学校，专门从事他家中经营的一个小工场，但苦于没有适当的人来接替学校的工作，当他知道我去纹工场时，他用感激的心情将工场和十余个艺徒都交给我管理，说："因为你的帮助使我可以放手从事都锦生丝织厂的工作，我不会忘记你对我的帮助，将来我一定会报答你的。"

我担任了纹工场管理和美术教员后，工作当然比起在学习时繁忙多了。但是我还是专心致意地要把工场和美术教育工作搞好。开始上美术课时我怕学生不听话，但在我热心的教导后，全班三十几个学生都非常喜欢我，我不但在上课时尽心教他们，连假日都带他们外出写生。学生们十分满意，第一个学期终了时，校长告诉我，他了解我在预科的美术教学受到同学欢迎的情况，所以想把原来周天初教授的美术课也交给我负责。这是校长对我的信任，我表示可以试试看。

在第二个学年以后，我的工作分量增加了。但我对工作很满意。这期间，我还经常收到西苓从日本寄来的信，很令人兴奋。因为西苓说，他到日本后深受日本美术界进步思潮的影响，并开始对政治发生兴趣。他经常给我寄日本刊印的美术画册和美术理论书籍，这一切对我在理论和实践上帮助很大。我们在通信中，有时讨论或辩论有关艺术和政治问题，并涉及厨川白村的名著《出了象牙之塔》，对照名著，我们都感到自己在艺术上知道的和能干的太少了，远没有登堂入室，更谈不到爬上"象牙之塔"了。因此，我们决心把艺术创作的基本技巧学到手，以进入东西洋的艺术大学。西苓到日本后进入东京帝国艺术大学；我也醉心于西欧的美术，立志要到巴黎艺术大学学习。于是我利用业余时间，随身带了一本袖珍法汉字典，把生字一个一个地用红铅笔画出来，揹着法文念汉字，揹着汉字念法文。死记、死默、死背，两年后，我进展很快，达到大致能背诵的程度。另一方面，我在母校的教学工作也受到学生、校长和老师们的称赞，尽管工作很忙碌，我还是利用每一个星期天，背着画箱与青年同学们一道到风景秀丽的西湖边上作即景的写生。记得在一九二七年大革命中，国民党反动派突然发动对共产党的大规模屠杀，有一天我和同学们正从自己家里出来，沿着延龄大马路走向湖边时，忽然迎面来了一队穿灰色军衣，肩背大刀的刽子手押着三个五花大绑的青年缓步前进！我那时突然发现其中之一是我们西湖画会失踪了三天的成员 M 君。这个遭遇像一股电流一样，使我全身打了一个寒噤。我默默地下定决心，必须尽快地离开这里，离开这个白色恐怖的险恶世界。我这个决定得到母校的支持，在都锦生和同学们的帮助下，我终于实现了去法国的心愿。

三 留学法国

一九二七年七月，我到了上海，得到一个同学父亲的帮助，得以伙夫助手的名义，用一百块大洋，搞到一张法国邮船从上海到马赛的统仓船位的证。所谓统仓是不让我们走出底舱到甲板上去，要整日藏在船底，帮助炊事班准备旅客、船员的伙食和茶点等。这里是一个独立的海上王国，有不少清规戒律，我作为华工炊事员带来的小工，同船上大班、船长等之间有很大差别。我们的工作就是洗碗盏，洗蔬菜，削洋芋，杀鱼宰鸡等下手活。最使人难受的，就是从上海到马赛要在舱底闷一个月的时间，而舱底既没有风，又要经过地中海等海洋，正值七月炎暑，那闷热实在令人难受。法国邮船在途经西贡、红海、亚丁、印度洋时，天气炎热加上锅炉的温度，真是闷热得透不过气来！尤其是大邮船在经过印度洋时的大风大浪中，剧烈的颠簸使得不少工人头晕呕吐，一两天吃不下饭，饮不得水。我虽然也感到不舒服，但因为从小喜欢走浪桥浪木，在大风大浪中经过一两天的锻炼，已慢慢地习惯于在摇摆中工作劳动，很快地过完了一个月的航海旅行，到达马赛，改换火车直到梦寐以求的人间"艺术天堂"巴黎。

那时，我认识一个杭州老乡郎鲁逊，他就是半工半读在巴黎高等美术学校学雕刻的同学。他把我介绍到一个巴黎拉丁区中国饭店干半日做工半日学习的临时工，我把全部业余时间用来学习法文和绘画技术。因为拉丁区是艺术中心蒙巴纳斯的所在地，那里有小型展览的画廊和供业余练习速写和绘画的格朗旭米埃画室。

这个画室分人体速写素描、油画习作和静物画室，白天夜里都为业余或专业的美术工作者开放，只要购入门票，就可以进去画画。画室里有白发苍苍的老人，也有中学业余爱好者，入场券有月票或周票，每次用票一张。模特儿的姿势和位置由模特儿自己安排。我就住在科技学校路中国饭店对面的一个小旅馆的最上层阁楼中。房中一张小床，一个小窗户，一进门就要弯腰，只有窗户口可以直立。这是旅馆中最廉价的房间，为了节省开支，这是老乡郎鲁逊为我想方设法租到的。

我到巴黎第二天，热情友爱的郎鲁逊认真带领我参观了伟大的罗佛宫（卢浮宫），从文艺复兴古典主义、浪漫主义到现实主义、印象主义……从达芬奇的《莫那里莎》（《蒙娜丽莎》）、达维（大卫）的《拿破仑加冕》、特拉克罗阿的《西岛的大屠杀》（今译德拉克罗瓦的《希奥岛的屠杀》）、库尔培的《画室中》（今译库尔贝的《画室》），直到马奈的《林中之野餐》（今译马奈的《草地上的午餐》）等伟大的艺术杰作。这样系统的、完整的展览，深深地印在我的脑际。它使我明白，绘画艺术通过各时代作家的努力，非常深刻地反映了人类和大自然在历史中的思维和创作的作用！而且它们在演变发展中、在追求真善美的创造中取得了伟大的成就！于是我沾沾自喜地感觉到我到法国来的动机是正确的。我要钻研西洋美术史，我要认真学习西洋绘画。

因为参观学习任务很重，实现半工半读非常困难。为谋求专心学习，我参加了里昂中法大学浙籍公费考试，并加强法文学习。

同时我将在国内作的素描和油画让巴黎美术学校的老师看，他们认为素描基础太差，必须在素描上用功补课，并加倍努力学习法文。

时当二十世纪二十年代后期，第一次世界大战的创伤还没有很好地弥补，欧洲已逐渐从痛苦的回忆中苏醒过来；只有远在太平洋彼岸的美国富有的画商成为这个艺术之都最受欢迎的贵客，成为这一时期世界艺术家集中在蒙巴纳斯和蒙马特的动力，加上巴黎大大小小各式各样的博物馆、美术馆、各种流派作品的沙龙……这一切形成了名符其实的世界艺术中心！当时，对于我这个盲目崇拜西洋艺术的中国人来说，每天沉沦在西洋古代、现代"五花八门"的资产阶级形式主义艺术流派的海洋中，感到眼花缭乱，无所适从！

受如饥似渴的求知欲的驱使，想到这样远涉重洋来到异乡的不易；想到艺术的学习不是朝夕用功可以解决的，我决心必须认真地长期地攻读下去，但家庭的困难和母校补助又都不允许我专门学习，正在踌躇中，恰巧这时候得到我家乡来的信说，浙江省正要考选留学法国里昂中法大学的公费生，我因为已在法国，由浙江大学工学院给我名额，让我在法国里昂准备考试。一九〇〇年帝国主义侵略中国时，除杀人抢劫放火之外，还无理地要我国赔款 4.5 亿两白银。后来经过交涉用该款以"帮助"我们办文化教育为名，双方联合成立庚子赔款基金委员会，分配使用。中法大学就是利用庚子赔款在法国里昂建办的中国留学生大学，设在法国里昂圣伊内山法国兵营所在地，校长名义上由中国人担任，实权掌握在里昂大学校长手上，他任庚款管理委员会主任。当时国内军阀当权，为了安插私人，严密控制里昂中法大学留学生名额，一九二三年陈毅、李富春等一批留法学生曾要求享受公费待遇，他们严词责问驻法公使陈箓，并围困里昂中法大学，此事在国内也引起广泛的反响，国民党当局被迫改变选送办法，自一九二七年起由各省选派。

适逢其时，由于浙江大学的据理要求，我得以参加考试并被录取，根据我选择的专业被分配在里昂国立美术专科学校学习绘画及染织图案两项，我因为没有国内专业美术学校的学历证书，所以不能投考插班，不得不从一年级开始。当时我已二十三岁，但投考这个学校的法国人，年龄没有超过十六岁的，他们都是穿着短裤的小学生，我在他们中间学习的确很不好意思，但因为是基础课，我情愿忍受着难堪，和他们一道从石膏素描开始学起。在学习中，真是如鱼得水似的，我的成绩很快赶上了二年级的学生。第二年，老师们让我跳班参加三年级的人体素描考试，结果也不错，那时候由中央大学艺术系转学来的吕斯百、王临乙两位同学已升入分专业的三年级油画、雕塑班了，吕、王两同学都以出色的成绩震动里昂美专，我也不甘落后，很快地在人体素描方面名列前茅，一九三〇年我参加了全校以"木工"为题的素描康德考试，获得第一名奖金而提前升入油画班。

油画班的主任教授是窦古特先生。他原来是专门制作教堂彩色玻璃画的老画家，忠实地接受并且维护了达维以来的画院教学传统。当我第一次进入他的画室时，他冷冰冰地对我说："对于你我不否认曾画了许多不坏的素描，这是好的，但到我的画室来，你不要再背上'素描'的包袱，因为在某种意义来说，到我这里来重新搞一个用色浆来涂抹的油画。用色彩和光暗的块和面织成的造型的总体，它既有色彩的运用，也有光暗远近的总体塑造。从意大利文艺复兴时的达·芬奇、米克朗琪（米开朗基罗）、拉飞耳（拉斐尔）、丹多来都、蒂香（提香），德意志的霍尔本（荷尔拜因），弗拉蒙（弗拉芒）的吕本斯（鲁本斯），荷兰的伦勃浪（伦勃朗），法国从达维、恩格尔（安格尔）、特拉克罗阿、库尔培、米兰（米勒）、塞尚、马奈、莫纳（莫奈）、雷奴阿（雷诺阿）、西斯楼（西斯莱）、马帝斯（马蒂斯），一直到比加索（毕加索），历代无数大画师虽然存在着刻画谨严的生动的形象，但画面给我们的印象是存在于大自然的一个完整的构图，隽永的纪念碑。"

窦教授在我们开始画油画之前，再三叮咛要我们先研究了解油画颜色的制作方法和各种油色的相生相克，调和与配合。他不让我们购置放在锡管中的现成的油色，要我们自己研究颜色本身的植物或矿物原料的化学成分，和研制、调进油类和甘油的成分和剂量等。要我们到一家绘画原料公司购置油色的粉状原料，然后进行试验和制造。要学习过去大画家的用色习惯和调色的配合方法等，这段时间需要占两周左右，然后画布的制作，笔的选择，及出外写生等必要的工具的制备，比如画箱、画凳等。到了这一切都具备了之后，就开始绘画。

第一天油画课是从一个老模特儿开始的。意外的事情是窦教授向新生宣布，只能用黑白两种油画颜色，一个星期内完成这幅肖像画。这对我来说是一次意外的考试。用黑白两色画油画肖像，仿佛要一个长跑选手练开步走一样。因为在此之前，我已用油画画过不少人像、静物和风景画。但这幅两色油画创作过程使我了解到作为一个初学油画的人应该如何从木炭素描人像晋升到油画人像的笔触的形体表现，这是十分重要的，而这种学习在国内是没有的。第二个星期习作的课题，是土红、黑、白三色油画人体的练习。这幅三色油画人体练习持续了两星期，这个练习使我对于土红在黑白二色之间所起的作用有了非常深刻的体会。第三次是使用全色画一幅色彩非常鲜艳的花果静物的写生。这种循序渐进的教学方法，加上解剖、西洋美术史，配合在美术馆参观和幻灯教学（因为里昂美术馆就在里昂美术学校里，所以结合参观进行是非常合适的），和我在蒙巴纳斯随便参加自由画室的学习相比，真是有天壤之别。

　　我在巴黎时，冼星海来信曾劝我去里昂学习，我深深地感到这个建议是十分重要的。为了加强学习，我每天中午带了面包和简单的冷菜，在美术馆里边参观边吃。下午，还去美术和染织图案系选课学习，这个系除绘制染织图案外，还重点设计应用于客厅、餐厅、寝室以及火车站、旅馆、剧场的各式壁纸。我夜间还在里昂市立业余丝织学校学习，真是到了废寝忘食、如醉如迷的程度。很快地过了两年，我在业务上是有长足的进展的。这时在同校学习的吕斯百、王临乙他们已转到巴黎去了。沈西苓也在日本学习完毕，回到上海从事电影导演方面活动，他告诉我，他认为绘画的局限性比较大，目前应该用戏剧和电影的综合艺术来唤醒醉生梦死的社会。同时里昂美专的教授，也鼓励我画几幅创作，参加里昂美术协会的沙龙展出。

一九三一年秋，法国报纸刊载了"九一八"事变消息，日本军国主义侵略者的铁蹄蹂躏了东北整片辽阔肥沃的土地，接着又向关内步步进逼，中华民族和国家的命运已处于生死存亡的关头。我们在国外的中国人莫不忧心如焚，都决心回国投身于迫在眉睫的抗战救亡工作。窦古特教授同情我当时的情绪，他安慰我说："当然日本人的侵略是不能容忍的，但你们是一个有四亿人民的大国，连年军阀横行，各自为政；当今救亡工作主要在于唤起人民一致抗日。你作为一个画家，应该用你在绘画上的才能，搞一点反映现实爱国的思想意识，这正是你们英雄用武的时候呀！"老师对我的启发，使我鼓起勇气，画了一幅名为《乡愁曲》（又名《怀乡曲》）的油画。这是我第一次进行人像创作，一个穿中国服装的坐着的少妇，面带愁容正在吹奏竹笛。这也是我进入油画班第二年的一幅油画。老师认为这是一幅有中国风格的绘画，他鼓励我拿这幅画参加里昂沙龙，为此我获得优秀画奖状。

一九三二年夏，我以油画系第一名的成绩毕业于里昂国立美术学校。同年参加里昂全市油画家赴巴黎深造公费奖金选拔考试，以油画《梳妆》获得第一名中选。这个奖金由里昂已故名画家捐赠基金委员会主持，每年进行全市选拔考试，得奖者享受公费选派赴巴黎深造，我作为一个中国人也是中法大学学生得到这个奖金，所以还是按照公费奖金待遇赴巴黎深造，我选择巴黎高等美术学校法国著名新古典主义画师劳郎斯画室学习。劳郎斯三世以谨严的画风驰名法国画坛者凡二百余年，他们都以画历史人物画为独步，劳郎斯善肖像人物，又精静物，以简练精到的新古典主义著称。他看了我在里昂的素描与油画，表示已初具绘画基础，但真正的油画必须要从现在开始努力学习。回到阔别四年的巴黎，旧地重游，这个古老城市的一切都没有很大的变化。但对我来说，这次有从国内来的妻和孩子，已不像那时孤独了。尤其难得的是在巴黎又和吕斯百、王临乙、曾竹韶、唐一禾、秦宣夫、陈士文、刘开渠、王子云、余炳烈、程鸿寿等一些老同学和朋友见面。他们都是从事建筑、雕塑、绘画各专业的名手，吕斯百和王临乙是在里昂毕业后先我们来到巴黎的。同学们热情地帮助我们建立工作室和住宅，为了我们今后共同学习和生活，我们选择了巴黎第十六区巴丁南路一个画家住宅区住下来。因为我已成了家，所以以我家为中心，每当工作和学习之余，每一个周末或过年过节我家就成为聚会聚餐的地方。后来我搬到塔格尔路，我们于一九三四年成立留法艺术家学会，徐悲鸿夫妇来巴黎举办"中国绘画展览"时，也到我们这里来过。这位老一代的艺术教育家和画家，对我们在巴黎学习也作了宝贵的指教。

他还参观了那时我在巴黎举行的个人画展，他对我画的《病妇》《裸女》，以及油画静物《葡萄》给予表扬。《葡萄》后来被法国人称赞为是具有老子哲理耐人寻味的佳作。这幅画由法国教育部次长于伊斯曼亲自选定收归国有。《沙娜画像》油画由现代美术馆馆长窦沙罗阿亲自来我个人画展会场代表法国国家购去，收藏在巴黎近代美术馆（现藏蓬皮杜艺术文化中心）。一九三四年在里昂春季沙龙展出的《裸妇》是一九三四年巴黎高等美术学校劳郎斯画室中得第一名的作品，得到美术家学会的金质奖章，也已由法国国家收购，现藏里昂国立美术馆。

一九三三年至一九三五年，我跟巴黎高等美术学校教授劳郎斯学习期间，受到他的教导很多，但他不幸于一九三五年病逝。我参加劳郎斯葬礼时，劳郎斯夫人含泪对我说："教授在世时经常对我说，'常'是他所有学生中最听话、最用功、最有成就的一个！希望你继续努力，不要辜负教授对你的希望！"当时，我在法国度过了近九年的光阴，在这一草一木和时序季节中，尤其是在紧张的学习阶段，多少个日日夜夜，多少个带着面包点心在美术馆边参观边吃食地过着中午休息的时间中，我站在里昂画家卑维司脱巨幅《林中仙人们》（今译巴蒂斯特《林中仙女之舞》）的杰作前面，徘徊又徘徊地享受这个里昂伟大艺术家作品里的性格和地方色彩的美妙，如欣赏十九世纪法国文学家都德的《小物件》（今译《小东西》）那样；我站在特拉克罗阿的《西岛的大屠杀》前面，伟大创作给了我深刻的启示和感受。而我们的艺术工作者，"只是忙于开个人展览，个人称誉。所以中国新艺术运动始终是没有中心思想，中心动力，像一个没有心的游轮，空对空的，动而无功！……"（见《中国新艺术运动过去的错误与今后的展望》，一九三四年八月一日《艺风月刊》第

四 艺术上的彷徨

对于中国新艺术运动存在着的种种问题，我到法国之前后和沈西苓、冼星海、王以仁同志等，有过一段时间的争论和商讨。十余年的时间很快地过去了，我们各自走过的道路很不相同。沈西苓从日本回来之后，放弃了绘画，在上海编导《十字街头》的电影；冼星海回国后创作了《黄河大合唱》；王以仁以突然失踪告终……这正是他们对文艺工作实践的结果。而我十余年来，经过刻苦学习，还踯躅在巴黎蒙巴纳斯街头，正如徐悲鸿先生在五年后为我重庆个人画展所作序文中所指出"在留学国目睹艺事之兴替"，也正如一本由当代法国艺术评论家尚皮农针对欧洲画坛写的《今日艺坛的惶惑》的论文集里，从五花八门的艺术倾向，直截了当地提出反映资本主义世界所面临的一些几乎要崩溃的危殆的现象。欧洲艺术由于资本家和画商的直接操纵，已使巴黎画坛在二十世纪的三十年代中，从立方主义经过超现实主义到完全胡闹的"涂鸦主义"，彻底反映了丑化恶化的资本主义经济基础和文化的崩溃，他们否定了造型规律，使艺术成为可以用符号代替的唯心主义抽象的东西。

我一方面既厌恶文学艺术上想入非非形式主义的没落与颓废的现象，另一方面对于学院派一些陈陈相因趑趄不前的绘画理论与实践也感到失望。我的老师劳郎斯对我的教导使我在创作实践中得到一点进步，但所谓"新现实主义"不过是老现实主义的较为简练的改良而已！巴黎这个笼罩着美的神秘面纱的大都市，曾经是，现在还是我历尽艰险争取得来的人类文明的中心，世界艺术的高峰，为什么如今在意识形态上贫乏到这种地步！

在近代法国绘画史上，曾经出现过一些不满欧洲死气沉沉资本主义现实的画家，他们为了追求真理，要求离开自己繁华的巴黎，去非洲、亚洲、拉丁美洲另一个世界吸取养料，从事创作。其中最突出的是象征派的先驱者哥根离开巴黎蒙马特到答伊底去从事创作的事迹。哥根因为不满于绘画上形形色色的见解，在一八八一年的一天晚上，将所有的亲戚朋友邀集在巴黎一家咖啡店中，发表了一篇向巴黎人告别的戏剧性的演说之后，次日就束装去答伊底，在那里安家落户，终身从事艺术的探索。今天设身处地，我自己这几年来在巴黎的亲身感受，以及对于艺术创作上存在的一系列问题得不到解决的苦闷，几乎使我转向完全同情的看法，甚至于我也设想着，有一天，很快地有一天，我也要向巴黎告别。

但是另一方面，确实也有留恋不舍的矛盾心理。回忆我近十年来在法国学习体会的经验，对于法国政府组织、保护、陈列得那么井井有条内容丰富的现代博物馆、美术馆，必须要进行一番认真的巡礼，细致地参观、欣赏，学习那些我一直熟悉和喜爱的中世纪文艺复兴及以后十八世纪、十九世纪前后一直到近代的艺术杰作，尤其是包罗万象的罗佛宫，那里珍藏着从希腊的《胜利之神》到意大利文艺复兴盛世的《莫那里莎》等驰名世界的杰作并使我毕生难忘；而那些代表法兰西大画家达维的《拿破仑加冕》和十九世纪恩格尔的《土耳其浴室》，特拉克罗阿的《西岛的大屠杀》，马奈的《林中之野餐》和以黑人做背景的《裸卧女》，从莫奈的《睡莲》直到特茄（德加）的《舞女》，米勒的《晚祷》等等已经成为世界名画的杰作，都是人世间不朽的创造，深深刻印在我的心中，给我以永远难忘的印象。

但是，我最喜爱的还是法国浪漫派巨子特拉克罗阿，他那描写十九世纪五十年代战争时期，殖民主义者对无辜的非洲人残杀的暴行的作品，这是一幅曾经无数次去罗佛宫巡礼参观时使我感情激动的伟大的杰作，它在我心灵深处留下不可磨灭的印象。在这幅杰出作品中，画家是如此成功地刻画了一个怀中还抱着乳奶小孩的中年妇女，在她那被殖民主义者——个骑马的强盗——用马刀砍伤的胸前，婴孩正在吮着母乳，惨不忍睹的瞬间展现出惊人的技巧和表现能力。回忆我在一九三一年因为日本军国主义对我国的侵略，作为当时正在异乡的留学生即兴作了一幅描绘一个坐在中国式的家园中的少妇，在吹奏横笛的《乡愁曲》油画，对比之下，实在太不够了。

我提到这一段，主要说明了法国艺术对我创作上的鼓舞与促进。的确最后一次在这座庄严伟大的罗佛宫古代艺术历史博物馆的几天连续的参观巡礼，对我的教育是很大的。我对希腊、罗马、

埃及、印度、波斯古代的文物和艺术名作都作了比较，它们各自
具备着强烈的民族风格和地方特色，每一件艺术作品无论从主题
内容或艺术表现手法，都显示了鲜明独特的艺术才华和各自的特
点，如希腊艺术的优美，罗马艺术的朴实，埃及艺术的庄严，波
斯艺术的金碧辉煌……给我以世界美术史系统的、感性的认识，
在我记忆中留下了永不磨灭的印象。

五　新奇的发现——《敦煌石窟图录》

　　这一天从罗佛宫出来，经过罗森堡公园，根据我多年在巴黎
散步的习惯，总要经过圣杰曼大道，顺便溜到塞纳河畔旧书摊去
浏览一下内容丰富的书籍。今天为了留一点参观罗佛宫的古代美
术杰作的纪念，我特意去美术图片之部找寻……忽然发现了一部
由六本小册子装订的《敦煌石窟图录》，我打开了合装的书壳，看
到里面是甘肃敦煌千佛洞壁画和塑像（的）黑白摄影图片三百余
幅，那是我陌生的东西。目录、序言说明这些图片是一九〇八年
伯希和从中国甘肃敦煌石室中拍摄来的，这是从四世纪到十四世
纪前后一千年中的创作。这些壁画和雕塑虽然没有颜色，但可以
看到大幅大幅佛教画的构图，尤其是五世纪北魏早期壁画，他们
遒劲有力的笔触，气魄雄伟的构图像西方拜占庭基督教绘画那样，
刻画出的人物生动而有力，其笔触的奔放甚至于比现代野兽派的
画还要粗野。但这是距今一千五百多年的古画，这使我十分惊异，
令人不能相信。我爱不释手地翻着、看着那二三百幅壁画的照片

及各种藏文和蒙文的题识，这是多么新奇的发现呀！半个钟点、一个钟点过去了，这时巴黎晚秋傍晚的夜色已徐徐降临，塞纳河畔黄昏的烟雾也慢慢浓起来了，是收拾旧书摊的时候了！书摊的主人看我手不释卷的样子，便问我："是不是想买这部书？"我说："我是中国人，这本书就是一本介绍中国敦煌石窟古代壁画和塑像的照相图册。我很想买它，但不知要多少钱？"他回答说："要一百个法郎。"那时我身边没有这许多钱，正在犹豫着，卖书的看我舍不得离开的样子，就说："这许多敦煌资料都存在离此地不远的奇美（吉美）博物馆，你不必买它了，还是亲自去看看再说吧！"

第二天一大早，我来到奇美博物馆，那里展览着伯希和于一九〇八年从敦煌盗来的大量唐代大幅绢画，有一幅是七世纪敦煌佛教信徒捐献给敦煌寺院的《父母恩金经》。时代早于文艺复兴意大利佛罗棱斯（佛罗伦萨）画派先驱者乔多（乔托）七百年；早于油画的创始者文艺复兴弗拉蒙学派（编者注：应为尼德兰画派）的大师梵爱克（凡·艾克）八百年；早于长期侨居于意大利的法国学院派祖师波生（普桑）一千年。这一事实使我看到，拿远古的西洋文艺发展的早期历史与我们敦煌石窟艺术相比较，无论在时代上或在艺术表现技法上，敦煌艺术更显出隽永先进的技术水平，对于当时的我来说这真是不可思议的奇迹！因为我是一个倾倒在西洋文化之下，而且曾非常有自豪感地以蒙巴纳斯的画家自居，言必称希腊罗马之人。现在面对祖国的如此悠久灿烂的文化历史，真是惭愧至极，不知如何忏悔才是！

从上面两幅壁画的比较，我吃惊地发现东西方文化艺术的发展有如此不同的差距，证实了我国光辉灿烂的过去。我默默思忖着：我这样对待祖国遗产的虚无主义的态度，实在是数典忘祖，自顾形秽。回忆在艰苦困难中漂洋过海来到巴黎这个世界艺术中心，差不多十年来沉浸在希腊罗马美术历史理论与实践的教养中，竟成长发展到如此的地步。在这一事实前面，我对巴黎艺坛的现状深感不满，决心离开巴黎，而等待着我离开巴黎行止的显然不是笞伊底，而是蕴藏着千百年民族艺术的敦煌宝库。

就在我打算离开巴黎之时，我接到南京国民党教育部长王世杰打来电报，聘请我为北平艺术专科学校教授，并要我从速返国任职。

六　在巴黎—北平的国际列车中

我离开祖国已经十年了，现在她正惨遭日本军国主义的蹂躏，我怎能不忧心如焚啊！我反复地对自己说："祖国啊，在苦难中拥有稀世之珍的敦煌石窟艺术的祖国啊！我要为你献出我的一切！"

一九三六年的一个秋雨蒙蒙的日子里，我搭上了从巴黎开往北平的国际列车。

我是抱着"艺术高于一切""为艺术而艺术"的观念到巴黎的，

我在巴黎期间，曾经碰到过国民党人，也碰到过共产党人，我都拒绝入党。这一次我从巴黎回国，途经德国、波兰、苏联，历程十五六天。旅途的见闻和亲身的经历，使我那种"艺术高于一切""为艺术而艺术"的观念受到强烈的震动。

在车厢里，我认识一个日本人，一个法国人，还有一个苏联人。因为他们都讲法语，他们也是准备到中国的，大家很谈得来。约定一路同行，沿途一起下车访问。这几个外国人过去都曾到过中国，他们谈起北京来，都非常熟悉。

列车经过德国柏林的时候，我们一起下车访问。我去看望一位德国的老太太。她本人是钢琴家，有个女儿是学画画的，那时正想把女儿嫁给一位中国的画家。老太太老早就写信叫我到德国柏林去看望她，这一次见了面，她非常高兴。她带我参观了柏林的街道，还带我参观了柏林的博物馆。在博物馆里，我第一次看到新疆吐鲁番的壁画，我的心又为之一震。我国的稀世之珍不仅被法国的盗徒窃去了，而且也被德国的盗徒掠夺走了。

我在巴黎看到敦煌的壁画，在柏林又看到吐鲁番的壁画，我从心底里感到，祖国艺术无疑在世界艺术史中拥有崇高的地位。我决心回国后一定要很好地吸取祖国古典艺术的精华，并且发扬光大，使它放射出更加绚丽夺目的光辉！

列车路过波兰华沙的时候，我们几个同伴在虞和瑞家过了一夜。华沙是一个古色古香的城市,许多建筑物都是古代遗留下来的。在这里,时间好像是停滞的。离开虞和瑞家以后,我们的列车经过莫斯科。我们没有在那里久待,只匆匆地去瞻仰了红场和列宁墓。

列车驶进满洲里,我的心情是非常激动的。我想高声喊道:"祖国啊,你的儿子回来了!"列车在满洲里停下,和我同行的日本人、法国人、苏联人都下车进站游览去了,我却被困在车厢里。几个汉奸围着我,要检查我的行装。当他们发现我带一幅法国地图和一本世界地图时,立即查问我说:"你带地图干什么用?""旅行用。"我回答说。

我的回答,没有使他们满意。相反,他们倒起了疑心,把我随身带的书,都翻了一遍,检查得十分仔细。过去,我一直以为,艺术就是艺术,艺术不为政治,这两者是不搭界的。可是,一踏上沦陷了的满洲里,日本军国主义的政治,就来干预艺术了。艺术在他们的眼里是不值一文的,何况艺术家呢!在我们的国土上,外国人可以到处横行,可是我作为一个中国人,一个回到祖国的中国人,却被困在车上不让下车去。一股民族尊严受到侵犯的烈火,在我的心中燃烧起来。"为艺术而艺术"这一长期以来耸立在我心中的金字塔,从此开始坍塌了!

后来,我再也不去理睬那些同行的外国人。到哈尔滨的时候,我独个儿上街吃饭。我看到人们在秋天就戴着大口罩扫地,感到很疑惑。到底为什么呢?人们只顾自己干活,谁也没有说一句话。

沉默着，沉默着，好像整个世界都死去了似的寂静。

我转进一家饭馆，看到这里用餐的筷子是日本式的，人们都低着头在吃饭，昔日的繁华看不到了，大家都像机器人似的。我问同桌一个工人装束的人，出现这种情景究竟是为什么？他轻声细语地告诉我：现在到处都是日本人，还有不少汉奸为虎作伥，谁还敢多说话呢？就连扫地的工人都戴上了大口罩，以免因为多说话而招来是非啊！

这时，我才意识到当亡国奴的耻辱。我们的国家哪像国家啊！我心里忽然着急起来。想尽快地回到祖国的北平去，回到我的同行中间去，回到苦难深重的母亲怀抱去！

七　回国后的遭遇

经过十五六天的旅行，我终于来到了北平。我的同行们在车站欢迎我。我已记不清当时他们欢迎我的热情话语，但还清楚地记得当时耳畔响着的车轮轰隆声。

我到了北平，所见所闻叫我大失所望。这个古老的故都，到处都是傲慢的日本人。在故宫、景山公园等游览胜地，经常可以看到日本人在嬉闹，听到他们的挑逗声。收音机和播音器里传播着各种不堪入耳的小调。我厌倦了！我对同行们说："我要去敦煌。"

同行们说："现在不能去。西北政局不稳定，乱得很哪。而且敦煌地处戈壁大沙漠，那里是满目黄沙，旅途也不方便。"他们欢迎我到北平艺术专科学校任教，当西画系主任、教授。我想，也好，干一段再看看吧。回到祖国没画卖了，我要是不工作，连饭也吃不上，还怎么能去敦煌呢？我接受北平艺专的教学工作后，马上觉察到不少学生经常不来上课，而是在从事各种抗日救国的宣传活动：歌咏、绘画、演出街头剧等等。

我在艺专上的第一堂课的印象，至今还鲜明地留在我的记忆中。学生们知道我是刚从巴黎归国的人，便纷纷提问沿途的观感。当我讲述到乘巴黎通往北平的国际列车到达满洲里，受到日寇便衣警察和汉奸狗腿子的刁难和侮辱时，课堂上群情激愤。许多人争先发言讲述自己类似的经历，声泪俱下地控诉日本侵略军和国民党卖国政府。接着，大家义愤填膺地唱起了抗日的歌曲："我的家在东北松花江上……"

我的心也被这愤怒的洪流所激动，久久不能平静。我说，我们搞艺术的人，一定要把国家振奋起来。"国家兴亡，匹夫有责"嘛！我说，我过去认为艺术家是不问政治的，这是不对的。我们的国家都被外国搞成这个样子，不能只搞艺术！我们一定要振兴中华，让别人看得起我们伟大的民族。这件事后来传到了艺术专科学校的训导处，这个受国民党控制的训导处，暗中调查我的历史，准备对我和一些进步学生加以迫害。然而，他们没有成功。

我在北平艺专教一段书后，大约在一九三六年底，国民党教育部次长张道藩通知我参加次年在南京举行的美展，并且让我担任北平方面的筹委会委员，做一些筹备工作。我把我的画和一些学生的画都寄去了。不久，张道藩就打电报叫我到南京参加美展筹备工作。

为什么张道藩看上了我呢？开始，我不大清楚。我当时只知道他的老婆是法国人，他同我一样过去也学美术，所以看中了我。后来，我才发现，他是想利用我，让我替他在画界拉一个帮派。那时，我国美术界有三派，那就是南京徐悲鸿，上海刘海粟，杭州林风眠。三派都有一定的力量。据张道藩自己说他也画过画，其实我从来没有见过他的画。他想独树一帜成立一个帮派，但没有人肯跟他，于是他就想利用我有一点小名声拉出一派人马来为他工作。我这个人不会那一套，我同三派画家都联系得很好，根本就不存在另立帮派的念头。

看画展的除了工农商学兵外，还有不少外国人。有一个德国大使，当场买了我的两张静物画。他还叫我到大使馆去，为他和他的夫人画两幅肖像。这次画展之后，我回到了阔别多年的家乡杭州。当时，我的父母都已去世，我特地回去扫墓，然后，我又回到北平艺专教书。

一九三七年七月七日卢沟桥事变那天，我照例和几个学生去北海公园画画，忽然听见了炮声。有人说，日本人向我们开火了。

我赶忙收拾起画具往家里走。卢沟桥事变以后，几个画界的熟人碰在一起议论，大家都说，现在时局太乱，北平大概待不住了，还是往南走吧。恰巧那时我的妻子和女儿要从法国回上海，我便到上海去迎接她们。接着，我又带她们回到浙江老家扫墓。路过南京时，我特地去找德国大使。因为上一次，我给他和他的夫人画了两幅肖像，他还没有交钱。这个德国大使一见到我，就问："你准备到哪里去？"我说："带家眷到杭州老家去。"他又问我对中日打仗的看法。我说："不知道。恐怕打不长吧。"他不太赞成我的看法，说："可能要打长时间的仗呢！"他看到我随身带着一卷画，便对我说："你这样带着它们方便不方便？你要是放心的话，这些画可搁在这里，我替你保存。"我当时就把画交给他了。从此我这些画就像泥牛入海，再也没有消息了。直到新中国成立之后，一九五一年举行敦煌壁画展览，有许多外国使馆的官员来参观。当时外交部要我用法文替他们解说。在场的瑞典公使问我说："法国最近出版了一本叫《沿着玄奘的足迹》的书，你看不看？"我表示愿意看，他答应回去之后给我寄来。

在给我寄书的过程中，瑞典使馆的一个姓王的中文秘书看到我的名字，好像发现什么似的，他对公使说，常书鸿在一九三七年有一些画存在德国大使馆，日本人占据北京后我给留下来了，我愿意还给本人。于是他们给我写了一封信，叫我们一家去吃饭。我把这个情况请示了郑振铎局长，他同意我去，到了瑞典使馆，我才看到十几年前留给德国大使保存的画，我非常激动。我对公使和秘书说："你们看哪几张好，可以留几张做个纪念。"他们不愿意要，他们说："画是画家的生命，我们不能要。"于是，这些画回到了我的手中。这是我生活中的一个非常值得纪念的小小的插曲。我至今还感激这位不知名的瑞典大使！因为他还我画的时候说："我生平做过两件最爽心的事：第一件是在第一次世界大战时，我给一个孤儿找到他亲生母亲；第二件就是能找到你失而复得的作品！因为这两件事都是通过我而成人之美！这是一生中最快乐的举动！"真的，他这种助人为乐的行动感动了我，使我怀念他。

随着日本侵略军的进攻和国民党军队的节节后退，北平艺专向后方迁移，在江西庐山牯岭办学。我把妻女安顿在上海以后，只身赶往江西南昌，开始长达两年的逃难生活。

临别时女儿沙娜给我一块马蹄铁，这是我去长城路上拾到的，叫我随身带着。因为在欧洲，马蹄铁是幸福的象征。但是，在中国，这块象征幸福的马蹄铁，却差点要了我的命。

我一到南昌火车站，警察见我西装革履就拥上来检查我的皮包。他们发现一张我在法国留学时的学生证。在学生证上，我的名字写得很草，就像"常青川"似的。据说这个常青川，是当时江西地下党的一位同志。警察问我："你叫常青川吧？"我为了避免麻烦就答应了。他们对我不但怀疑，而且当共产党来处理，翻箱倒箧，又把我的皮包翻了一遍，发现小女儿沙娜给我的那块马蹄铁。他们说："你带马蹄铁干什么用？"我说："在欧洲这是幸福的象征。"他们不信，硬说马蹄铁是联络记号，是什么信号之类的东西。他们不让我走，把我押到警察厅看守所拘留起来。

那时，南昌很热，夜里睡不着觉，我想，这一回不得了！他们把我认作常青川，又把马蹄铁视为信号，看样子凶多吉少了。怎么办呢？我掏出几块大洋给一个小警察，叫他替我给武汉的国民党教育部打电报。第二天清早，我的行李到了，教育部长的电报也来了，警察们检查了我的聘书，才把我释放。我立即赶路前去牯岭。

不久，我们在牯岭也待不住了。大家商量到湖南沅陵去办学。在那里北平艺专与后到的杭州艺专合并，组成"国立艺专"。

南北两所艺专一合并，就是多事之秋。杭州艺专的人马多，北平艺专的画具多，两家合并在一起，合不来，经常吵架。当时国立艺专的校务委员会，除去两校的校长以外，还把我也拉了进去。因为我是杭州人，又在北平艺专工作，所以他们想叫我做缓冲。我在校务委员会里很为难，两边吵架的时候，谁都拉我，左右为难，人家说我是"骑墙派"。我吃力不讨好，北平艺专的人说我是"内奸"，杭州艺专的人说我是北平艺专的"代理人"。国立艺专在沅陵办学七八个月中，吵闹的事情接连不断。

日本侵略军步步紧逼，南京沦陷，长沙大火之后，我们感到在沅陵办学也不安全。一九三八年冬，我带领学生，长途跋涉，历尽千辛万苦，途经贵阳转到了昆明办学。

八 赣湘黔滇川道上的风尘

我们到贵阳的时候，住在一个小旅馆里。两个艺专虽然合并了，但还不能合作。学生们一路走，一路吵。那时，校长住在山上的小别墅里，我特地上山汇报去。恰巧，遭到了日本飞机轰炸，我们住的旅馆被炸毁了，炸死了四五个旅客。幸好，我们的学生和老师都平安无事。但我们学校的设备和师生们的财产，其中包括我十余年来用心血凝成的创作、藏画和藏书，全部化为灰烬。

我们只好带领着师生队伍向昆明走去。到了昆明附近的安江，我们这个大队人马才安顿了下来。这个时候，我们的生活条件很差。

一九三九年冬天。艺专又从昆明迁往四川重庆。这个被国民党定为"陪都"的山城，权贵如云，白天虽然频遭敌机的轰炸，晚上仍然通宵达旦地过着灯红酒绿的无耻生活。目睹这个情况，我不由得忆起宋人林升一首有名的《题临安邸》的诗来："山外青山楼外楼，西湖歌舞几时休？暖风熏得游人醉，直把杭州作汴州。"

这时，国立艺专的校长是陈立夫老婆的老师。他的中国画画得还不错，但是脾气很坏。他说："我去做校长，不能请常书鸿当教师。"我没有办法，只好离开国立艺专。那么，往后的生活咋办呢？我整天去找张道藩吵闹。他没有办法，就叫我在教育部所属的美术教育委员会里当委员，并且给他当秘书，他把印章也交给了我。这是一个闲差事，有时间我就和几个朋友从事油画创作。这是我回国后比较安定的一段生活，得以从事一二年油画实践。我很喜欢嘉陵江边那种熙熙攘攘、杂乱无章的市容，有时在码头上散步，看江水翻滚着愤怒的波浪，咆哮着向东流去。重庆山城的江岸很高，码头工人沿着"天梯"般的石阶，肩负着沉重的货物；轿夫们抬着大腹便便的财主，他们嘴里哼着号子，遍身淌着油汗，踏着艰难的缓慢的脚步，一步一步地登上走不完的石阶。

这不由得使我联想到那个在祖国西北角的敦煌，那个使我万里迢迢地从国外投奔祖国的敦煌石窟。转眼间四年已经过去了，敦煌还是远在天边，在黄沙蔽天的漠北可望而不可即。要登上石窟所在的三危山，我的面前还横亘着一条漫长的难以攀登的嶙峋险阻的山路啊！

在教育部所属的美术教育委员会里任职期间，张道藩叫我画一张孙中山的像。我答应了。后来，他又叫我画国民党党史，我拒绝了。我说："我不是国民党党员，对国民党党史不了解，怎么能画党史呢？"张道藩说："你就加入国民党吧，不解决组织问题，怎么行呢？"我说："我不加入国民党。如果要加入的话，在巴黎早加入了。"张道藩不乐意了，他说："你回国以后，要不是我关照你，你连饭都吃不上！要不是国民党，能有你的今天？"我没有听他的话。我说："我是画画的,不加入国民党。"张道藩着急了,他拿一大沓入党表格来,搁在我的办公桌上。他说："你要好好考虑一下,要以身作则。"我根本不理睬他,照样画我的画,没有加入国民党。

因为我不肯按照张道藩的意思去办,不久,张就同我发生了冲突。有一天晚上,张道藩问我："你用我的图章都干了些什么?"我说："领薪金。"他说,他的图章很重要,不能乱用。以后用他的图章,要有记录,要向他汇报。我不高兴地说："我是画画的人,干不了秘书这一行。"他说:"我相信你,才叫你用我的图章。你要体谅我的处境。"他又逼着我加入国民党,我很气愤地说:"我不干了!"我从抽屉里取出他的图章来,交还给他。这时,他也生气了,把脸憋得通红。他说:"你怎么能这么办呢?"我说:"我不是当秘书的材料。"我硬把印章退给了他。他没有办法,只好把印章收走。从此以后,我和张道藩就疏远了。他对我也冷淡了。我后来搞画展,他再也不支持我,反而想方设法冷落我。

张道藩为了达到控制美术界的目的,他什么坏事都干得出来。尽管张道藩在美术界挑拨离间,画家们相互间的情谊还是很好的。有一天,我去看望徐悲鸿,他正在忙碌地作画,画稿挂满了墙壁,我很想要一张。他说:"你还没有我的画吗?好,你自己挑一张,我送给你。但是,我不能要你的钱。你也送我一张画就行了。"

他说这话是有背景的。有一回齐白石要徐悲鸿的画,徐画好后给送去了。齐白石收了画以后，让徐悲鸿再等一会儿。接着，齐白石进了屋里，用红纸包了三十块大洋给徐悲鸿，徐悲鸿硬是不收，齐白石说："我的画都是按寸卖的！我怎么能白要你的画呢？"这件事，徐悲鸿记忆犹新。因此，他送画给我的时候，特地打了招呼，不让我交钱。

我从徐悲鸿那儿取走一幅画以后，也送一张油画给他留作纪念。徐悲鸿画得好，为人也好，我一直很敬重他。他送给我的那张画，我请人仔细地裱糊以后，一直保藏了几十年。到"文化大革命"的时候，这幅画同我一样横遭厄运。它被抄走了，至今仍下落不明。

在重庆生活的一二年间，我作了一些画，准备开个画展。以往，我开画展都找张道藩给写序言。这一回，我请徐悲鸿作序，徐悲鸿欣然答应了。画展开幕的时候张道藩也来了。他一看到我请徐悲鸿写的序言，很不高兴。他问我："这一次，你怎么叫徐悲鸿给你作序呢？"我说："我考虑到你很忙，怕挤不出时间来，所以没有请你写。"他听了我的解释以后，就不再吭声了。

因为我不听张道藩的话，不愿意加入国民党，也不请他为画展作序言，张道藩控制下的一批人不给我捧场，故意冷落我。画展开了好几天，没有人来买我的画。到了画展的最后一天，才有一个人来买我的画。在交钱的时候，我发现买画的是我的一个学生，我非常难过。

这次画展以后，我对张道藩的为人有了更深一层的认识。他是在用软刀子杀人哪。我决心离开他，争取早日到敦煌去，脱离这个尔虞我诈的是非之地。

九 破釜沉舟的决定——到敦煌去

一九四三年十月，中国共产党的机关报《解放日报》发表了毛主席著名讲话《在延安文艺座谈会上的讲话》。这篇文章，在重庆进步的文化界中产生了极其深远的影响。毛主席讲话对我也特别有启发。

当时，围绕过去河南洛阳龙门浮雕被奸商盗卖的事件，重庆进步的文化界人士正在议论如何继承民族文化遗产和文物保护问题。这块巨大完美的石刻浮雕——《帝后礼佛图》，被人劈成无数碎片，然后分别包装偷运出国。这是当地的腐败的官吏与奸商和外国帝国主义分子互相勾结、出卖祖国文物的又一次罪行。各进步报刊纷纷发表文章，对国民党诸如此类的罪行进行揭露和批判。与此相关，人们因为敦煌石窟历次的被大肆劫掠和破坏，也对国民党政府提出了批评和建议。为了应付舆论，装饰门面，重庆政府被迫指令教育部筹备成立所谓的"国立敦煌艺术研究所。"

谁来负责研究所的工作？国民党政府里的官僚们只会做官当老爷，决不肯离开安乐窝，决不肯西出阳关去担当这份喝西北风的无名无利的苦差事。再说，他们中也的确没有"懂行"的人，就只好托人在文化界朋友中物色。

第一次同我提起敦煌之行的是已故著名建筑学家梁思成教授。一九四二年秋季的一天，梁思成找到我，问我愿意不愿意担任拟议中的敦煌艺术研究所的工作。"到敦煌去"，正是我多年梦寐以求的愿望，于是我略加思索之后毅然承担了这一工作。他笑了笑对我说："我知道你是不会放过这个机会的，如果我身体好，我也会去呢！祝你有志者事竟成！"

第二个同我谈起去敦煌艺术研究所工作的人，是我在法国留学时认识的一个熟人，他叫陈凌云。一九三五年他到法国考察法国战后救济事业，来巴黎找我做他的翻译，因为那时中国大使馆抽不出人来，我陪他参观并为他翻译了不少有关资料，他说回国发表时用他和我两人名义，后来他回国出版只署上他个人名字。一九四二年在重庆，有一天我去裱画，恰巧碰上了姓陈的。见面时我没有理睬他，但他对我说以后要来看望我。他现在是监察院参事。

事隔两个月之后，他真的来找我了。他说："你不要生气了。这次找你，我有正经的事情。于右任建议教育部准备成立敦煌艺术研究所，想让你去当筹委会副主任。筹委会主任由陕甘宁检察使的人担任。你要是愿意的话，我可以回去报告。"接着，他还向我赔礼道歉一番，表示他是真心实意地邀请我去敦煌的。我就接受了这一邀请。

在当时的环境和条件下，要到敦煌去，说起来容易，做起来却难上难，它肯定不是《天方夜谭》中一个充满浪漫色彩的故事，在中国悠久的历史上有过不少出使"西域"的人物，汉代的张骞和唐代的玄奘便是著名的两个。他们一步一个脚印，长途跋涉在荒无人烟的戈壁沙海中，经受了各种难以名状的人间和自然界的折磨和考验，以自己的忠贞和毅力，创建了千古传颂的业绩。我当然是不能和他们相比的。我只有一个小小的心愿，就是保护和研究举世罕见的敦煌石窟这个民族艺术宝库，一辈子在那里干下去。

承担筹委会副主任这一艰巨的任务，靠我一个人当然是不行的，必须组成一个工作班子。由于工作的需要，我必须有几位专长历史考古和摄影临摹工作的合作者。当我把这个要求向主管部门的教育部负责人提出的时候，想不到他冷冷地对我说："我没办法给你找到这些人。看来你只有在志同道合的朋友中去物色，或者到当地（甘肃兰州）去解决。"

我的第一个步骤是在重庆物色我的合作者。结果，我又碰到一个骗子和一个自私的文人。有一个是当时中央通讯社的摄影主任，他对我说，他同头头搞不好关系，正在闹别扭。他愿意跟我去敦煌，并保证三年之内把敦煌壁画摄影反映出来。我问他要买什么东西。他说："不用买。现在就是有钱也买不到摄影器材。我在通讯社工作，可以借出一套器材来。"他说得天花乱坠，骗取了我的信任。还有一个四川大学的教授，是搞美术史的，他也要去。这个人自私自利到了极点，这里就不详述了。总之，这两个人跟我一起去敦煌，不仅帮不上我的忙，反倒成了累赘。

我本来认为，我的妻子是会支持我的，因为她是从事雕塑艺术的，西北大沙漠中的艺术宝藏的发掘，会赢得她的赏识和赞许，可惜事实并非如此。她不愿意离开重庆，怎么办呢？我决心单身去打头阵，让她暂且留在重庆照看我们两个年幼的儿女。

妻子的行为使我失望和苦恼，赴敦煌的经费却使我很伤脑筋。教育部除了发给我们一笔非常有限的经费之外，再也没有任何其他实质性的支持和帮助。这一切困难都动摇不了我去敦煌的决心。

十　沿着河西走廊前进

我从一九三六年离开法国回来，经过六年多颠沛流离的生活，现在去敦煌的愿望终于变成了现实，内心充满了喜悦。

到敦煌去虽然一开始就遭到种种冷遇和阻力，但我立志去敦煌的决心丝毫未变。我决定开画展，卖家具，拼挡行李，发誓做破釜沉舟的打算。当时，徐悲鸿先生对我的决心给予热情的支持和鼓励。他对我说："我们从事艺术工作的人，要学习玄奘苦行的精神，要抱'不入虎穴，焉得虎子'的决心，把敦煌民族艺术宝库的保护、整理、研究工作做到底。"并送我一幅《五鸡图》的画作为敦煌之行的纪念。

离开重庆前，我把几年来创作的四十余幅油画，搞了一次画展。徐悲鸿先生很赞同，并亲自为画展写了序言。画展在重庆进步的文化界中受到热情支持，展出的四十余幅展品全部售出。我共筹得资金几万元。这样，除可用于安家用度之外，尚有余款带到敦煌以备不时之需。这次远征，由于嘉陵幼小多病，又值严冬，加上妻子对我此行竭力反对，只好把他们留在重庆。这是继我归国来的第二次和妻女分离了。

一九四二年在一个烟雾弥漫的早晨，我只身离开重庆珊瑚坝机场，飞往西北高原的兰州城。

严冬的西北高原，一派空旷萧条的凄凉气氛。奔腾咆哮的黄河，此际冰雪初封，显得格外驯服、平静。河边上停放的几只破旧的木轮大水车，挂在车上的竹罐子在呼啸的西北风里发出一阵阵嘶鸣，像是诉说着什么悲凉的遭遇，又像是呼唤着阳春的到来。兰州古城的街道上行人稀少，几辆包着棉布篷的马车吱吱呀呀地在雪地上碾过，更令人充满凄清之感。

我到兰州后首先拜访负责筹备国立敦煌艺术研究所的官员们。开始，这些当地的绅士名流对我还算热情，他们齐声赞许我不辞辛苦，前来从事敦煌艺术的研究保护工作。后来有人提出把所址设在兰州的意见，我说："设在兰州，远离敦煌二三百里，还搞什么研究和保护工作呢？"这一来，他们嬉笑的脸上立即挂上了一层冰霜。结果，对于我提出的工作要求，如配备绘画考古等方面的专业人员，购置图书参考资料、绘画物品和摄影器材等一个也没有解决。他们给予我唯一的"赠礼品"是哼出几首伤感情调的古诗，什么"劝君更进一杯酒，西出阳关无故人"，什么"阳关万里道，不见一人归。惟有河边雁，秋来南向飞"，等等。这就是当地国民党官员对待中华民族艺术宝库的工作态度！

时间一天天过去了，人员和物资仍无着落。当时，一提起塞外戈壁滩，不少人便谈虎色变，对于长期去那里工作，则更是望而却步，无人问津。一天，一个偶然机会，碰到一个在西北公路局工作的国立北平艺专的学生龚祥礼，他与我一见如故，欣然应允随我前往敦煌，并且又由他介绍了一名小学美术教员陈延儒和我们一块儿去。多了两个人的队伍，总比单枪匹马好得多啊。我内心感到很欣慰，后来，又经过和省教育厅交涉，凑了一个文书，还指派了天水师范学校的校长李赞庭为秘书。最后还缺少一名会计。没有办法，我只有到教育厅举办的临时会计训练班去招聘，开始，这个班四十几个人中没有一人愿意应招。半个钟点以后，才有一个穿着布长衫的叫辛普德的人站起来说，他愿意去敦煌。他说他原在武威工作，因为受到马家迫害才来兰州的。这一下总算解决了班子问题！班子虽然不大，但也"五脏俱全"了。

在临离开兰州的前三天，龚祥礼兴高采烈地跑来，让我看一份已购置的物品清单，有纸、墨、笔、颜料、尺子、图钉、圆规等，虽然少得可怜，但我简直是喜出望外了！有了队伍，又有了这份家当，可以干一番事业了。记得我当时很感慨地说，能搞到这些东西，真是不错了。不要忘记，这是在抗战的大西北后方，靠这点东西，只要艰苦奋斗，照样可以搞出好东西来。

一九四三年二月二十日清晨，我们一行六人，像中世纪的苦行僧一样，身穿北方的老羊皮大衣，戴着北方老农的毡帽，顶着高原早春的刺骨寒风，乘着一辆破旧的敞篷卡车，开始了一生难忘的敦煌之行。

敦煌是汉武帝为抵御匈奴所建的河西四郡之一。从兰州到敦煌，途经凉州（武威）、甘州（张掖）、肃州（酒泉）三郡，每郡之间相距约三百华里，按古代中国长途交通驿站的标准行程（也是人畜皆可以完成的行程），是每日七十华里，这样，约需半月行期。但是，我们乘着现代化的汽车，却一共走了一个来月，主要是因为当时乘的是一种老式的破旧"羊毛车"（苏联支援的一种汽车，因用西北羊毛交换而得名），机器陈旧，又缺少零件，路上经常抛锚，司机还沿途运私货，技术也不高明，加上道路坎坷，因而还赶不上人畜的速度。行速之慢虽然给我们带来不少困苦，却也增加了不少观光的机会。

离开兰州西行，过永登后便进入了祁连山脉中通向古代丝绸之路的河西走廊。这里地势逐渐升高，气候也更加寒冷，沿途村烟稀少，谷野荒凉。车来到乌鞘岭时，两次抛锚。深夜，山风狂吼，腹饥身寒，我们依偎在一个小山神庙里避风。不知是谁发现一筒占卜的竹签子，于是大家争着抽起签来。司机站在一旁一本正经地说，这个庙的签言可灵验啦。记得一个人抽的签是"升官发财"，大家纷纷向他祝贺。我也抽了支，却是"家破人亡"。我是不相信鬼神迷信的，但回想归国以来的几年坎坷生活，心头不免涌现一种前途渺茫、吉凶未卜的忧郁之感。谁知几年之后，签言竟变成了现实，我那不堪敦煌生活工作之苦的妻子，不辞而别，弃我而去，人未亡家已破，这虽然仅是一种与签言的巧合，但却反映着在国民党黑暗统治下艺术工作者任"命运"摆布的悲惨遭遇。

几天之后，我们来到武威郡，也就是古代的凉州郡，这里曾是十六国时期自张轨以来西北的佛教中心。前秦沮渠蒙逊占据此地后，自立为王，号北凉。封建统治者为巩固政权，利用来自西方的佛教麻醉劳动人民，故而佛教事业昌盛。凉州至今保留着不少古寺庙和石窟。天梯山石窟就是著名的沮渠蒙逊时代建造的石窟寺，其内容、结构与艺术风格和新疆克孜尔石窟及敦煌千佛洞的早期艺术作品有极为相似之处。

但是，这个一度在汉、唐时代盛极一时，素有"银武威"之称的富庶城市，如今在军阀马步芳的兄弟马步青的法西斯统治下，已变得城乡凋敝，田园荒芜，民不聊生了。马步芳匪徒不仅挑起民族矛盾，破坏生产，而且肆意拆毁古建筑和盗窃墓葬文物。我在兰州时就听说，马步芳曾派一连步兵，把敦煌石窟封锁了三天三夜，把所有元代的佛塔都打倒，搜索石窟秘藏，还盗走了一具五代时候曹议金家中的银质宝塔，还有一只天禧二年的宋代白瓷瓶，以及其他经卷等不少珍贵文物。这个土皇帝过着骄奢淫逸的腐朽生活，而在他统治下的人民，却贫穷到了不堪设想的地步。我们在汽车站，目睹了这种悲惨景象：人们衣衫褴褛，面带菜色，特别是车站上的一些十三四岁的男女孩子，竟然在冰天雪地里只穿着破烂不堪的棉上衣，腿、脚却完全裸露着。他们拖着冻成紫红色的肢体，提着装有烧洋芋和熟鸡蛋的破篮子，争着向旅客叫卖，那嘶哑颤抖的声音和那凄惨的饥寒景象，真令人不堪目睹。

武威西行的第二郡是历史上较武威更为富有的甘州城，又称"金张掖"，但如今已是到处充满贫穷落后，"银武威"不"银"，"金张掖"不"金"了。沿途所见，满目凄凉，田野中几簇干枯的小灌木在寒风中颤抖，沙土堆像荒冢起伏，偶尔遇到一两个身披羊皮的老农，蜷伏在枯瘦的毛驴背上，孤独、寂寞、无言地走向斜阳落日黑水长流的远方。

历史记载，公元四〇〇年四月十六日至七月十五日，高僧法显西行过此时在这里坐夏。这里也是魏晋十六国时期佛教传播的中心之一，曾有不少佛塔和寺院的遗迹，早期石窟马蹄寺就在附近。但令人气愤的是，这些古色古香的街道建筑和寺院楼阁，由于扩建马路而正在横遭践踏。这是我第一次也是最后一次欣赏到古代甘州精工细凿雕梁画栋的艺术杰作①，也是第一次看到民族艺术古迹被如此摧残破坏的场面。看着那些千百年来显示着劳动人民勤劳智慧的艺术结晶在刀劈斧砍中倒下，在尘土飞扬中淹没，心中凄楚难言，不忍再睹。

在张掖至酒泉的途中，有一件事至今记忆犹新。黄昏时分，我们的汽车正在路上颠簸，忽然有一个农民带着一个乘小毛驴的妇女拦车，他们苦苦哀求，说妇女怀中的小孩得了急病，想搭车赶到城里医治。这时车厢里虽然已挤得水泄不通，但大家还是硬挤出一个空当，让这个妇女坐了上来。汽车在寒冷的夜间行驶，戈壁滩上的风沙，夹着冰冷的雪花刀割一样地抽打着车上的人，大家都把头缩进老羊皮领子里，就像一袋袋没有生命的货物一样堆在那里。鼻子里呼出的热气马上被冻成冰花，凝结在鼻孔周围，渐渐堵塞，使人感到呼吸困难。车上没有一个人讲话，只有风声、破烂羊毛车的马达声和沙粒打在羊皮衣上的声音混杂着在耳边鸣响，在这声音里，我隐隐约约地开始听到孩子的哭声，在刺骨的狂风中渐渐熄灭了，不久又听到那位妇女的凄酸的哭泣声，断断续续地传来。渐渐我在极度寒冷中蒙眬地睡着了。清晨，那位妇女突然号啕大哭起来，原来，她怀中有病的婴儿已在半夜冻病而死。眼前的惨剧使我心情沉重，我不由联想到，公元前一三九年，张骞出使西域时，也是沿着这条道路前行，几经危难；四世纪时的法显和尚到西域取经，同样沿此径行，他的同伴惠景和尚在翻

---

① 这些民族民间建筑遗产第二年在国民党"开发西北"的口号下，因修筑兰新公路而被全部拆毁，荡尽无存。

越葱岭时，也惨死在风雪严寒之中；著名的唐代名僧玄奘，也在这里买了一匹好马想西行安度布隆吉尔有名风口。后来临走时碰到一个经常由酒泉走哈密的老人。他看了那匹玄奘新买的走马说："这匹马在平坦的道路上走倒是好的，但不能走戈壁和风口，它不识路，不识水，到哈密去很危险，不如我这匹老马好。"玄奘听到老人的话很感动地说："对了！你说中要害，我愿意换你的老马。"果然，玄奘在安西迷失道路，在马上昏迷，还是老马带他到疏勒河边，拯救了他的命。在他的《西域记》中，他记述的九死一生的危难险恶也就是指的这段沙漠行路的艰辛。在这条千百年来的丝绸之路上，留下了多少荣辱盛衰，又掩埋了多少行人尸骨。而现在，偏安重庆的国民党的达官显贵们，也许正在灯红酒绿的歌舞场上狂欢醉饮，或许正面对着巧取豪夺的叠叠款钞大喜过望，但此时此刻，在贫穷落后的塞外，又一条幼小可怜的生命被吞没了，被贫穷困苦淹没在寂寞的荒野，永无声息地消失了。这辽阔的大西北，为什么竟如此充满着荒凉、贫穷、灾难和死亡？

酒泉郡是汉代建立的历史名城。汉代名将班超在塞外征战二十年后，曾上书和帝说："臣不敢望到酒泉郡，但愿生入玉门关。"指的就是这个地方。这里也遗留有汉、魏、十六国、隋、唐等各朝代的大量历史文物。如酒泉西北侧的黑水国，即汉代的沙漠古城。人们曾在那里发掘出大批文物，其中闻名世界的"居延汉简"，反映了当时各族人民（的）生活情况，也展现了各国之间东西友好往来的政治、经济、文化交流情况。在酒泉城附近的文殊山上，有一个十六国时期北凉沮渠蒙逊修建的石窟寺，寺中文物富有中国早期壁画和彩塑（的）特点。酒泉城西北的嘉峪关是明代所建的通向西陲的城关，也是封建社会流徙犯人的边卡，一出此关，眼前即是一片茫茫无垠的瀚海了。当地人们流传着这样的歌谣："出了嘉峪关，两眼泪不干，前望戈壁滩，后望鬼门关。"反映当地劳动人民为谋生存而西渡流沙，不卜生死的悲惨命运。酒泉盛产一种驰名中外的"夜光杯"，用当地一种玉石制作，杯身细薄，斟上酒后，灯光下透过杯壁可清晰看到杯中酒的颜色，奇巧玲珑，名誉古今。盛唐诗人王翰在《凉州词》一诗中写道："葡萄美酒夜光杯，欲饮琵琶马上催。醉卧沙场君莫笑，古来征战几人回！"可见夜光杯已久享盛名了。公元前一三九年，张骞出使西域，曾在这里被匈奴监禁十年，历尽艰难，才得以逃生，这些故事至今仍在人们中间娓娓传述。

出了嘉峪关，沿途看到一些土砌的墩子残垣，这就是有名的汉代传递信息的烽燧。所谓"流沙坠简"，就是在烽燧附近为流沙所埋藏的汉代边疆戍卒留下的简札。这里也是汉代长城的余脉沿丝绸之路通向在敦煌郡的汇合处，是东西文化、物资交流、友好往来的重要历史见证。

安西是我们乘汽车行程的最后一站，再往前就没有公路可行了。这里又被称为"一年一场风"的"风城"。我们于一九四三年三月二十日下午到达这里，到此，一个月的汽车颠簸生活结束了。塞外的黄昏，残阳夕照，昏黄的光线被灰暗的戈壁滩吞没着，显得格外阴冷暗淡，杜甫诗句"边日少光辉"正是此景的逼真写照。

在公路的尽头，我们看到一块四五丈高用土坯砌成的泥牌子，上面写着"建设大西北"五个大字，衬托着牌子后面被流沙掩埋的残城一角，破败凋零，一派颓废景象。这真是对国民党当局绝妙的讽刺！联想一路上的所见所闻，在这到处充满贫穷、饥饿、荒凉、颓败的大西北，这块土牌子可算是国民党对大西北的唯一"建设"了。

从安西到敦煌一段行程，连这破旧的公路也没有了，一眼望去，只见一堆堆的沙丘，和零零落落的骆驼刺、芨芨草，活像一个巨大的荒坟葬场。这段行程只有靠"沙漠之舟"的骆驼帮忙了。经过一个多月的准备，我们雇了十头骆驼，开始了我们敦煌行的最后旅程。

骑骆驼，这还是我有生以来的第一次。骆驼很温顺地跪在地上，让人跨上它那毛茸茸的峰背。骆驼站起来时是先起后腿，当人向前倾时再起前腿。它行走时后腿高于前腿，就这样伴随着有节奏的驼铃声，它摇摇摆摆地向前行走，使人感到安全舒适。这不禁使我回忆起小时候在西子湖畔微波泛舟的情景，那一起一伏的感觉大有相似之处。"戈壁之舟"果然得名有理。

第一天，走了三十里，午夜后到达自古以盛产甜瓜闻名的瓜州口。但是，这个瓜果之乡，如今却因为井水干涸，连人畜饮水也要用毛驴从二十里以外驮来了。"瓜州"已变成了徒有虚名的不毛之地，在惨淡凄凉的月光下山沟里隐约露出几间土房，我们前去投宿。一个守屋的老汉只能提供半缸水，还不够我们七个人（加上骆驼客，当地对赶驼人的俗称）的饮用。我们和衣挤在土炕上，度过戈壁滩上的第一夜。

过了瓜州口后，骆驼客告诉我们，下一站要到甜水井打尖。"甜水井"，这名字在我们心中激起一阵兴奋的涟漪，在枯燥的沙州旅行，谁不产生对水的珍爱和向往呢！当夜在漆黑繁星中我们来到甜水井。大家都盼望着痛饮一次甜水，好不容易从井里打上半桶，急忙用兽粪煮开，谁知喝到嘴里却是又苦又臭，刚才那种如饮玉液琼浆的憧憬一下子云消雾散了。第二天早晨，我们才发现，原来井口周围堆满了兽粪，这些水是牲畜连吃带拉，长年有增无减的累积结果。骆驼客走过来，看到我们一副望着井摇头叹息的失望表情，便说："从安西到敦煌二百四十里的戈壁滩上，还只有这一口井哩，别看不好喝，对我们赶骆驼、牛马的下苦人来说，可真是一口救命的甘泉哩！"他的话对我们启发很大，"严寒知火暖，饥渴觉水甜"，在日后敦煌艰苦的岁月中，我常想起这口甜水井和骆驼客的话，增加着茹苦为乐的勇气。

甜水井的下一站，是疙瘩井，闻其名自知无水可寻了。这是一个长满骆驼刺的大沙丘，卸下重载的骆驼没精打采地啃着干瘪瘪的骆驼刺，我们的水已用尽，只好坐卧在沙堆上，啃着又冷又硬的干馍和沙枣锅盔。深夜，辗转难寐，仰望寒空如罩，繁星点点，空旷寂静，万籁俱寂。正如古诗所云："天似穹庐，笼盖四野。"然而，这寂静的沙漠之夜，却使游子心潮烦乱，无法与大自然气氛吻合。

恍惚间，我脑海浮想联翩。记起《慈恩传》中记述："夜则妖魑举火，烂若繁星。""顷间忽有军众数百队满沙碛间，乍行乍止，皆裘褐驼马之像。及旌旗槊纛之形，易貌移质，倏忽千变，遥瞻极著，渐近而微，法师初睹谓为贼众，渐近见灭……"这种类似的感觉，确是人在孤独的沙漠之夜易产生的幻景。恍惚间，伯希和《敦煌石窟图录》中所见的飞天夜叉、天神菩萨的形象，也仿佛在眼前浮现。的确，再有一天多的时间，这些艺术形象即可真的呈现面前了。

当一轮红日从嶙峋的三危山高峰上升起来的时候，骆驼客指着那里说："喏，千佛洞就在太阳的西边，鸣沙山的脚下。"我们顺着方向望去，只见三危山尽头依然是一望无际的戈壁和沙山。骆驼客看我们焦急的样子，便打趣地说："千佛洞是仙境，时隐时现，变化无穷，哪能一下子让人看见呢？"我们不满意他的回答，但也无奈。骆驼依然慢悠悠地在沙滩上印刻着它那莲花瓣一样的美丽图案，驼铃也伴着它缓慢的脚步叮当地响着。当骆驼转过一个沙丘时，突然，我们不约而同地欢呼起来。从一个沙丘的夹缝里，不远的峡谷中，隐隐露出一片绿树梢头，并有点点粉红色的杏花点缀其间，真是别有天地。大家争相指点，喜笑颜开。骆驼这时也加快了脚步小跑起来，骆驼客挥鞭吆喝，也无济于事。它们歪歪斜斜地奔下山坡，在一条清澈的小溪边狂饮起来。此时，我们却完全被眼前的壮观景象陶醉了。不远处，透过白杨枝梢，无数开凿在峭壁上的石窟，像蜂房一样密密麻麻。灿烂的阳光，照耀在色彩绚丽的壁画和彩塑上，金碧辉煌，闪烁夺目，整个画面，像一幅巨大的镶满珠宝玉翠的锦绣展现在我们面前，令人惊心动魄，赞叹不已。一股涌自肺腑的对伟大民族艺术的敬仰爱戴之情油然而生。我们跳下骆驼，向着向往已久的民族艺术宝库跑去。

十一　石窟初次巡礼

来到敦煌的当天，顾不上休息，我们迫不及待地做了初次巡礼！

真是"百闻不如一见"。对这个伟大的艺术宝库，我过去的一点支离破碎的了解简直太肤浅可怜。仅就"千佛洞"的名称而言，过去以为是因有一千尊佛像而得名。看了公元六百九十八年李怀让重修莫高窟碑文之后，才知道这个石窟群名为莫高窟，始建于公元三六六年，到唐代立莫高窟碑时，已累建起大小石窟一千多个。到那时止，虽已经千余年的风沙侵蚀及人为的毁损，但仍保存较完好的洞窟四百六十八个。它是中国石窟寺中现存规模最大，保存最完好，最古老的艺术宝库之一。这个石窟群，开凿在敦煌城东南三十公里的三危山和鸣沙山之间，大泉左岸的酒泉系碟岩的陡壁上。陡壁高三五十米不等，由南至北，开凿石窟的崖壁共一千六百六十米，分南北二区。南区长九百四十米，是石窟群艺术精华所在，因为地面平坦，大泉细流沿途冲刷，自南至北，冲向戈壁，洞窟的修凿，顺水流自南向北分上下三、四层，垒垒如蜂房，栉比相连，包括晋、魏、隋、唐、五代、宋、西夏、元朝各代修建的壁画、彩塑洞窟四百五十二个[①]；中隔上下的马路坡道是原来经过二层台子往返城乡的通道。北区长七百二十米，有大小洞窟百余个，其中大部分是因开始时莫高窟无树木，凿窟为室，供工匠居住，内有壁画和彩塑洞窟五个。整个石窟群共有四百九十二个洞窟。自一九四三年敦煌艺术研究所成立以来，从原来的三百零九窟，调查发现为现今的四百九十二个洞窟，壁画总面积四万四千八百三十平方米。如果将这些壁画排成二米高的画面展出，这个画廊可达二十二公里半长。把敦煌壁画称为世界上唯一最大的古代艺术画廊是当之无愧的。（阿富汗的巴米扬是佛教艺术的中心，现经日本考古学者水野清一、樋口隆康十余年的发掘，据称原有洞窟七百余个，但屡经战乱至今仅存十余个洞窟，到我写此文时，这个洞窟仍在遭受最近苏联掀起的战乱。）而更为宝贵的是整个石窟的艺术创造价值。这数量巨大的壁画彩塑，从洞窟的建筑结构、壁画的装饰布置，画面的主题内容、民族特征、时代风格（来看），是自四世纪到十四世纪的千余年中，无数艺术匠师们呕心沥血、天才智慧的艺术结晶！这些辉煌的艺术成果，既展示着承先启后艺术上的连续继承的伟大的中华民族艺术传统，又包含着各个时代在丝绸之路上所吸收融化的交光互映的外来影响，从而创造性地树立了千古常新的敦煌独特的风格。它是中华民族取之不尽用之不竭的伟大艺术宝库之一，也是全世界人民的宝贵艺术财产。

---

① 新中国成立后至今历年发现洞窟，现有壁画塑像洞窟四百九十二个。——原书编者注

置身这个艺术宫殿里，每一个洞窟都具有令人陶醉的艺术魅力。那建于五代时期的窟檐斗拱上的鲜艳彩绘的梁柱花纹；那隋代窟顶的联珠飞马图案；那顾恺之的春蚕吐丝般的人物衣纹勾勒；那吴道子的吴带当风的盛唐飞天；那金碧辉煌的李思训的用色……这些体现着民族传统和时代风格的山水人物绘画，栩栩如生呼之欲出地展示在我们眼前。在这里，我看到了伯希和敦煌图录中所看不见的各时代壁画绚丽灿烂的色彩；而敦煌早期壁画中那种描写人物粗犷遒劲有力的线条，如敦煌第275窟东晋十六国时期壁画中，关于毗楞竭梨王本生的故事，是河西当地民族匠师们的一种风格。在这里还可以看到比欧洲文艺复兴大师乔多之类早一千多年具有高度现实主义风格的唐代人物和风景画。

　　意大利十四世纪文艺复兴大师乔多画过一幅《小鸟说法图》，在这幅画中，他把人物穿插在简单的树木风景中，小鸟在地面上走动，有些正展翅飞翔，有生动现实的感觉，这幅画是乔多作为文艺复兴先驱者著名画家的重要成就。但是和敦煌第217窟《化城喻品》绘画比较，乔多的作品在艺术造诣上就相形见绌了。在这幅盛唐的画面上，青绿明快的初春景色，展示着现实主义的人物山水布局。画中山峦重叠，行人在弯曲的乡村夹道上鱼贯而行，人物和他们所处的山水景物随着透视的演变愈远愈小。画中还出色地运用了中国民族传统绘画的一种高瞻远瞩的散点透视法。画面上表现的山山水水、建筑、人物，引导我们的视线从下到上，曲曲折折地经过"落花流水""浮云幻城"等细节，使人们随之自近而远，自大而小地向前移动，最后是几座远山，几株小树和水流，远远地消失在蓝天白云之中。

特别使我注目的是，在三十多个魏代石窟中保留着完好的数千平米的绚丽多彩、豪放旷达的壁画和朴质淳厚的彩塑及装饰图案。它们的创作思想和表现手法在一定程度上还一丝不苟地保留着汉代的艺术传统。如《狩猎图》《山川树石》《行云流水》等；早期石窟壁画中加进佛教内容的飞天、夜叉、天神、梵女等；再加上壁画中遒劲有力的榜书题记，及整个石窟建筑的结构布局，这些壁画雕塑榜书题记无不荡涤着一种"风驰电掣""遒劲超忽""气韵生动"的民族传统。而且，这一传统从四世纪至十四世纪历经千年而不衰！

在伟大的民族艺术面前，我感到深深内疚的是，自己在漂洋过海，旅居欧洲时期，只认为希腊、罗马和欧洲文艺复兴时期的艺术是世界文艺发展的高峰，而对祖国伟大灿烂的古代艺术却一无所知，漆黑一团。今天，面对祖先遗留下的珍宝，才如梦方醒，追悔莫及。

而令人愤慨的是，二十世纪初叶，敦煌密室宝藏遭受到一场帝国主义疯狂的劫掠。如第 17 窟，在公元一〇三五年时（宋仁宗景祐二年），为逃避西夏入侵抢掠，莫高窟和尚和当地豪绅把历代宝藏、经卷、画幅、古文艺手抄本、契约等三万余件文物封藏在这个洞窟耳洞中，并用土基将洞口堵塞，画上菩萨像的伪装壁画。西夏占据敦煌百余年，封藏文物的主人逃难一去不知所终，从此近千年内无人得知。直到公元一九〇〇年五月二十七日，才为道士王圆箓在清理流沙时偶然发现，他和当地土豪及外国盗宝者奥勃鲁切夫、斯坦因、伯希和先后盗去数以万计的手抄经卷，全体卷轴、绣像、幡画等，最后只有八千余卷经卷文书劫后余生，送至北京（现在保存在北京图书馆）。如今，第17窟室已空无所有，只剩下被遗弃在外的洪䛒和尚塑像和北壁唐人画的供养仕女像二尊。这两个色彩鲜艳、栩栩如生的仕女画像，成了历史变迁的目睹者，是帝国主义分子盗窃中华民族宝藏的可耻罪行的见证人。

当时，我默默地站在这个曾经震动世界而今已空无所有的藏经洞中央的洪䛒造像坐坛前，百感交集，思绪万千。宝藏被劫掠已经过去三四十年了。而这样一个伟大的艺术宝库却仍然得不到应有的保护和珍视。就在我们初到此处时，这里窟前放牧牛羊，洞窟被当作去金沟淘金沙的人夜宿的地方，在那里做饭煮水，并随意毁坏树木；洞窟中流沙堆积，脱落的壁画夹杂在断垣残壁中随处皆是，无人管理，无人修缮，无人研究，无人宣传，仍遭受大自然和人为毁损的劫运。眼前，这空空荡荡寂静幽暗的洞室，像是默默地回顾着她的盛衰荣辱；又像无言地怨恨着她至今遭受的悲惨命运！忽地，砰然一声巨响把我从沉思中惊醒，原来是第4窟五代的危檐下崩落了一大块岩石，随之是一阵令人呛塞的尘土飞扬。我不禁感到，负在我们肩上的工作任务将是十分艰巨而沉重的。

敦煌——这个古代丝绸之路的要隘重镇，是从汉代开始兴建的。文献上说："敦，大也；煌，盛也。"可见，早在公元前二世纪时，这里已成为中国与西域各国进行政治、经济、文化交流的一个大都会了。

从印度传入中国的佛教，到公元四五世纪的南北朝时开始盛行。这正是中国历史上各族大迁移，战争频繁"尚寐无讹，不如无生"的时代。各族的统治者都纷纷利用佛教宣扬的消极处世、逆来顺受的落后思想麻醉人民，以巩固其统治地位；同时，广大人民群众在当时历史条件下，无力摆脱民族压迫和阶级压迫，也只好把佛教当作一种精神安慰剂接受下来。因此，尽管当时田园荒芜，城市坍圮，但善男信女却节衣缩食，修行拜佛，修造窟龛，作为来世幸福希望。莫高窟又处在丝绸之路上的阳关大道的旁边，因此往来东西的商队士绅、戍卒卫士，仿照中亚传来的石窟寺的风尚，在敦煌大泉左岸峭壁中修造石窟。这是敦煌石窟包括西千佛洞、榆林窟在内的石窟开凿的起源。据现存敦煌文物研究所藏唐武周圣历元年（六九八）重修莫高窟碑记载，前秦建元二年（三六六），有一个名叫乐僔的和尚，西游到敦煌三危山下，时近黄昏，西方落日金光反射在东面三危山上。只见山上一派耀眼的金光，好像其间有千万个佛像出现。和尚的幻觉认为这里是块圣地，便用化募来的钱雇人在这里凿下了第一个石窟。不久，又有一个法良禅师从东方来到这里，在乐僔窟的旁边凿下第二个洞窟。此后，从十六国到魏、隋，一千年来，历代石窟就连续不断地修建起来。

唐代（六一八至九〇七），是莫高窟发展的高潮时期，这时开凿的数量最多，艺术造诣也最高。据唐碑碣记载，当时有数以千计的石窟，窟前有木构的窟檐，并有栈道相通。山上建起了一座座金碧辉煌的殿堂，雕檐画栋，光彩夺目。窟前是"前流长河，波映重阁"。然而，经过一千数百年的风沙雨雪的自然毁损，敦煌已经发生了"沧海桑田"的变迁。一些窟毁坏消失，有的被风沙掩埋，雕檐崩塌，那"波映重阁"的长河大泉到现在只剩下一股涓涓细流。我从历史上看到敦煌石窟的繁荣昌盛，为使它不再毁损，决心以有生之年为敦煌石窟的保存和研究而努力奋斗，决不让这举世之宝遭受灾难了。

十二　战风沙　筑围墙

一九四三年三月二十四日，我们六个人盘坐在千佛洞中寺破庙的土坑上进晚餐，我真有点不习惯盘腿而坐，而会计老辛却坐得非常自如。因为我们到的这天，正值敦煌前天受到国民党军队的洗劫，全市罢市，什么也买不到。灯是从老喇嘛那里借来的，是用木头剜成的，灯苗很小，光线昏弱；筷子是刚从河滩上折来的红柳枝做成的；主食是河滩里咸水煮的半生不熟的厚面片；菜是一小碟咸辣子和韭菜。这是来敦煌的第一顿晚餐，也是我们新生活的开始！

我的秘书，原来是天水中学的校长老李，久患胃病，经过旅途的疲劳颠沛，终于病倒了，躺在土坑上呻吟。另一个同事提醒我，教育部临行给的那点经费因为另外请了三位摄影专家，他们从重庆乘飞机来就花了我们整个五万元筹备费的三分之一，加上我们来时一路上的开销，现在已经所剩无几了，而且这里物资昂贵，甚至有钱也买不到东西。更困难的是，千佛洞孤处沙漠戈壁之中，东面是三危山，西面是鸣沙山，北面最近的村舍也在三十里戈壁滩以外，在千佛洞里除我们之外，唯一的人烟是上寺两个老喇嘛，下寺一个道人。因此，工作和生活用品都得到县城去买，来回路程有八九十里，走戈壁近路也要七八十里。而我们唯一的交通工具是一辆借来的木轮老牛车，往返至少一天一夜。

在万籁俱寂的戈壁之夜，这些牵肠挂肚的难题缠绕萦回，思前顾后，深夜难寐。半夜时分，忽然传来大佛殿檐角的铁马铃被风吹动的叮当响声，那声音有点像我们从安西来敦煌骑的骆驼铃，只不过骆驼铃的声音抑扬沉滞，大佛殿的铁马叮当声却细脆而轻飘，而不少铁马连起来就变得热闹。渐渐的，大佛殿的铃声变轻了，少了，我迷蒙蒙仿佛又骑上骆驼，在无垠的沙漠上茫然前行，忽而，又像长了翅膀，像壁画中的飞天在石窟群中翱翔飞舞……

忽然从头上落下来一块有飞天的壁画压在我身上，把我从梦中惊醒，窗外射来一缕晨曦，已是早晨七点多钟了。我起身沿着石窟走去，只见一夜风沙，好几处峭壁缺口处，细黄色的流沙像小瀑布一样快速地淌下来，把昨日第4窟上层坍塌的一大块崖石淹没了，有几个窟顶已经破损的洞子，流沙灌入，堆积得人也进不去了。我计算一下，仅南区石窟群中段下层洞窟较密的一段，至少有上百个洞窟已遭到流沙掩埋。后来，我们曾请工程人员计算了一下，若要把全部堵塞的流沙清除，光雇民工就需要法币三百万元。我一听，吓了一跳。教育部临行给我们的全部筹建资金只有五万元，何况已经所剩无几，叫我们怎么雇得起呢？

我和大家商量，沙，是保护石窟的大敌，一定要首先制服它。眼前首先是这些积沙如何清理，但没有经费雇民工，怎么办？虽然生活工作条件异常艰苦，但大家的工作情绪都很高涨，想了不少主意。后来，我们从王道士那里听说他就用过流水冲沙的办法。于是我们便试着干起来。我们雇了少量民工，加上我们自己，用了两个春秋，从南到北，终于把下层窟洞的积沙用水推送到一里外的戈壁滩上，这些沙又在春天河水化冰季节被大水冲走。

因为这里原来是无人管理的废墟，三危山下和沙滩边的农民已习惯地把牛羊赶到千佛洞来放牧。当我们来到时，春草在戈壁上尚未出生，老乡们赶来的牛羊经过沙漠上的长途跋涉又渴又饥，只有拼命地啃食为数不多几棵杨树的皮。我再三向牧民交待，但他们没有办法使饥饿的牛羊不啃树皮。为了加强管理，保护树木以防风沙，我们计划建造一堵长达两公里的土墙，把石窟群围在土墙里面。

我把这一计划向敦煌县姓陈的县长提出并希望得到他的协助。这位县太爷听我讲完，顿时哈哈大笑起来，他挖苦地说："你大概是书读得太多了吧，真是一个书呆子！"我听了十分生气地对他说：

"这并不是笑话，这是急待解决的问题，否则，石窟的大量民族宝藏日夜受损失怎么办？"他看我生气了，也严肃地对我说："教授先生，这里可不是湖北和你们浙江，我们是在敦煌千佛洞鸣沙山的脚底下，沙、沙、沙！哪里叫我弄土去？没有土，叫我怎么筑墙呢！尤其是一堵六尺高近三里长的墙，这简直比修万里长城还要难！我的教授先生，实在没有办法！"

"没有办法"，这句话像当头一棒，我惆然若失地回到千佛洞。这是我头一次和当地官员打交道，没想到头一次就碰了壁，还遭到他一番奚落挖苦。回来的路上，我拖着沉重的脚步，心中充满悔恨，愤恼，真不该来找这个家伙。我走得口干舌燥，便一屁股坐在沙丘上，我用手掬着沙丘，沙、沙、沙！真是掬不尽的沙，竟没有一丝土。细细想来，也真像姓陈的县长讲的，哪里来的土呢！可是，难道就这样束手无策，无所作为吗？

一定要把墙筑起来！

从县城回来不久，一天，这个寂寞空荡荡的千佛洞，忽然驶来几辆大马车，马车上装着锅灶、柴火、碗筷、油盐酱醋等什物。这是怎么回事？上寺的老喇嘛告诉我说："再过三天就是农历四月初八了，这是佛祖诞生的日子，也是千佛洞一年一度的大庙会。那可是人山人海，热闹非常的大节日呢！"

"人山人海的大节日"，开始我不大相信，但果然来的人越来越多了，除了先来的几家饭馆之外，还来了不少小商贩，连测字算命的三教九流也都跟着来了！这批人除了有车马的买卖人之外，其余骑马骑毛驴和步行的香客，都是从石窟群北首的上马路下来的。从上马路北行十里，有茶房子一间，那里有一口水井和一口钟，这口井相传是专供庙会香客饮水用的。钟是遇着春天风沙弥漫之日以打钟指点行路方向。现在水井已干涸，钟也被人盗走，变成一个废庙了。因为我们研究所占了中寺，所以来赶庙会的香客都住在上寺老喇嘛那里，还带来不少小牛小羊，作为供养喇嘛的布施。老喇嘛说：这是他们的老香客。老喇嘛和他的徒弟徐喇嘛不知从哪里取出大红绣字的幢幡彩帐，把做道场的大佛殿装饰布置起来，大有节日欢乐气氛。

不久，赶庙进香的人们络绎不绝地涌向了千佛洞。这些人先是住进上、中、下三个寺院，后来三个寺也容不下了，南北两边的石洞窟中也住进了人。还有不少老年人住在洞窟前的树林中。一次，我到下寺来，偶然发现两家饭馆正用沙土筑起了一堵小围墙，作为买卖小店。我心里一震，赶忙过去观看。只见他们用沙土加上水，然后夯实，小墙便筑起来了。我急忙向他们打听，像这种办法，能否在千佛洞打一堵长围墙。老乡告诉我，千佛洞的水，含碱量很大，夯实了，完全可以做墙。老乡的话，使我高兴得差点像小孩子一样跳起来。真是"山重水复疑无路，柳暗花明又一村"了！修围墙的计划又在我脑海升腾，我仿佛看到一堵围墙已筑起，驯服的流沙被阻墙外，群窟的壁画、彩塑都色彩绚烂，争奇斗艳！

庙会之中，真是车水马龙，熙熙攘攘一派节日盛况。但随之而来的是秩序和石窟保护问题。虽然县里出了布告，也无济于事，结果洞窟搞脏了，树林中不少树皮和枝丫都被牲口啃得一团糟。我们坚持让那位"县太爷"来此看一看情况，采取措施，并趁此机会，再次提出修筑围墙的问题。我们把老乡修土墙的情况告诉了他，并说：修墙一方面是今后防止游客破坏，一方面防风沙侵蚀。如果不修墙，继续损坏下去，责任由县里负。这一来，"县太爷"怕负责任，勉强同意派人来研究修墙计划。这位"县太爷"还答应由县政府和敦煌艺术研究所联合发出保护千佛洞、禁止放牧牲口和私进洞窟几个条款的布告。修墙的计划总算有了一线希望！

四月八日的庙会过去了，香客们纷纷离去，千佛洞又恢复了往日的寂静沉默。只有那些被啃过皮的树木裸露着白花花的伤痕。

在我们催促下，县里果然派来一个负责工程建设的科长。他打了一下算盘说，一条二米高，二千来米长的土夯墙，要二万七千工，至少需二万七千元，加上材料、工具等不能少于三万元。每天三百人施工，需三个月竣工。但我们手中只剩下一千余元了，还要维持生活用度，要等教育部汇款来，还要一段时间（我们一到敦煌就要求汇款，至今三个多月无回音）。最后，决定缩小规模，只修一条一千米长的。我们火速拍电报给教育部，希望立即拨款修墙。回电说同意筑墙，款随后汇。但我们等了一个月，仍无音信。这时已进六月夏季，往南山挖金沙的人都要经过千佛洞。他们的驴马牲口，便在夜间放牧，继续糟蹋林木庄稼，更严重的是，这些人与土豪劣绅、官僚都有密切关系，流氓成性，任意在洞中居住往来，煮饭烧菜，对石窟艺术作品损坏不小。我们只有六个人，顾此失彼，无法照管，因此，修筑围墙是刻不容缓了。

我又找到县政府，提出先由县里借款动工，汇款一到便还账。那个老奸巨猾的陈县长，这次竟让我意料不到地满口答应。他说："我也认为必须赶快把围墙修起来。款子的问题，现在正是青黄不接之际，鄹县也很紧张。但部里款子久汇不至，为了公事，鄹人有个解决办法。你是个书呆子，暂不要管这些了。由县里想办法雇人、备粮、备柴、备车等等。至于经费，等部里款子寄到后，咱们再来算账，不要忘记，包括你的'大作'在内。"他的突然慷慨使我既意外，又怀疑，但事情已到了走投无路的关头，也只好由他一手包办了。我最后也答应了送他一张千佛洞风景画为酬谢。

十来天以后，县里派来一个科长、一个科员和五个警察，还有一百多个民工，随即粮食柴草等也都运到千佛洞。经过五十多天的施工，民工们起早贪黑，终于即将完工。不料，最后几天，忽然出现民工逃跑的事。我一了解，才知道了真相。原来这些民工都是县太爷派的公差，没有任何报酬，民工用的粮食，柴草都是各乡民工自备。有些乡村收成不好，被派的穷苦民工带的粮少，吃不饱，活又累，实在饿得难熬，只好私逃回去，这消息使我大吃一惊。

该县长的卑鄙行径，使我怒不可遏。我在国外期间，曾一度片面强调过西方文明，重洋轻中，直到在巴黎的奇美博物馆中，我发现了祖国，发现了灿烂的祖国文化艺术，发现了伟大的敦煌艺术宝藏，才在迷途中惊悟过来。我怀着一股强烈的赤子挚情远涉重洋回到祖国的怀抱。但国民党的黑暗统治令我失望，我离开乌烟瘴气的重庆，来到三危山下。我把对伟大祖国的热爱寄托在献身这举世无双的民族艺术的事业上。当我刚刚在保护这些千百年艺术匠师的劳动成果的工作中迈出微弱的一步时，我的美好愿望却遭受到这个县长可耻的亵渎，变成他投机以自肥的赌场，转嫁于穷苦人民的灾难。第二天，我赶进城去质问姓陈的县长。这家伙一看阴谋已被揭穿，便支支吾吾地搪塞起来。什么"你说得有道理，但我们是个穷县，借不出钱呀"，"老百姓对千佛洞老佛爷很虔诚，给千佛洞修墙是好事呀"等等。我对他说，你要把每个民工的姓名住址造一个花名册，钱一汇到，便把报酬送还他们。但使我内疚的是，这桩心愿因这笔款始终未寄来而未能实现。一九六三年，当敬爱的周总理亲自批准给敦煌一笔全面维修专款，我们发给每个施工民工充足的粮食和优厚的工资时，我们感到问心无愧，而联想这桩终未如愿的欠账时，又不禁感慨万分。不过，当时这堵千米土墙，确实对保护洞窟和林木起了很大作用，这也是劳动人民为千佛洞贡献的一分力量。

十三　乐在苦中

仲夏的敦煌，白杨成荫，流水淙淙，景色宜人。在这美好的季节，我们的工作也紧张有序地开展起来。当时人手虽少，条件也很艰苦，但大家初出茅庐，都想干一番事业，所以情绪还不错。我们首先进行的工作是：测绘石窟图；窟前除沙；洞窟内容调查；石窟编号；壁画临摹等。

为了整理洞窟，首先必须清除常年堆积窟前甬道中的流沙。清除积沙的工作是一件工作量很大的劳动。雇来的一些民工由于没有经验，又不习惯这种生活，有的做一段时间便托故回乡，一去不返。为了给他们鼓劲，我们所里的职工轮流和他们一起劳动，大家打着赤脚，用自制的"拉沙排"一个人在前边拉，一个人在后面推，把洞中积沙一排排推到水渠边，然后提闸放水，把沙冲走。民工们粮食不够吃时，我们设法给他们补贴一些，使民工们逐渐安下心来。据县里来的工程师估算，这些堆积的流沙有十万立方米之多。此外，还要修补那些颓圮不堪的甬道、栈桥，修路植树等等。这些工作，我们整整大干了十个月。当我们看到围墙里幼树成林，因没有牲畜破坏而生长得郁郁葱葱，我们工作人员及参观游览的人在安全稳固的栈道上往来时，心里充满了喜悦。

随我来的两个艺专学生，他们对工作很热心。但困难的是在敦煌买不到绘画的颜料、纸和笔。他们便十分节省地用从兰州带来绘画的纸和颜料，他们还自力更生，到三危山自采一些土红、土黄等土颜料。他们是画国画的，临摹了一些唐代的壁画，觉得很有兴趣。以后在调查洞窟内容时，他们都选择了各时代的代表作品作为下一步的工作计划。我用油画颜色临摹了几幅北魏的壁画，那摹本的效果很像法国野兽派画家鲁阿（鲁奥）的作品。

在编号工作中，我们还有一次小小的遇险故事。当时我们没有长梯子，只靠几个小短梯子工作。一次，我们调查九层楼北侧第230窟的内容，因为没有长梯，大家便从第233窟破屋檐的梁柱中用小梯一段一段爬上去。但当我们工作结束时，小梯子翻倒了。这一来我们都上不着天，下不着地地被悬在半空洞窟中，成了空中楼阁里的人了。一个姓窦的工人出主意从崖上面的陡坡上走。陡坡大约七八十度，下临地面二十多米，从第232窟大约要爬十几米的陡坡才能到山顶。大家都面带难色，这时，只见姓窦的工人动作敏捷地三脚两步爬到了山顶。艺专的一个小伙子也跟了上去，但没爬几步，便嘴里大喊着"不行"停住了，只见他神色恐慌，进退两难。我想试一试，刚跨上两步，原以为坡上的沙石是软的，用大力一踩会蹬出一个窟窿，没想到脚下的坡面像岩石一样坚硬，一脚踩下去，像被弹出来一样反而站立不稳，差一点摔下去。惊惶之中，我的一本调查记录也失手掉在坡上，立即飞快地下滑，像断线的风筝一样飘飘荡荡地落下去。我只觉得身体也在摇晃不定，像是也随着本子落到崖下。后来，还是我让山顶上的老窦回去取来绳子，把我们一个个拉了上去，才结束一场险情。以后我们做了两个长梯，再也不敢冒险爬陡坡了。

我们的工作和生活条件变得越来越艰苦了。三四个月过去了，重庆一直没有分文汇来，只好向敦煌县政府借钱度日，债台越筑越高。为了借钱和筹措职工生活用品，解决工作中的困难等事项，我日夜忙碌。有些事情要进城办理，无论严寒盛暑，或是风沙月夜，我一个人跋涉戈壁，往返城乡，每次五六十里之遥，都搞得精疲力竭，困顿不堪。更使人忧心的是，这个满目疮痍但储满宝藏的石窟，随时会发生危急的警报。昨夜刚发生第 458 窟唐代彩塑的通心木柱因虫蛀突然倒塌；今天，在检查时又发现第 159 窟的唐塑天王的右臂大块脱落下来。警报之后随之而来的，便是我们的一阵艰苦补修劳动。因为这些文物补修工作，不敢轻易委托民工，怕他们搞坏，只好亲自动手。

还有一个更可怕的困难，是远离社会的孤独寂寞。在这个周围四十里荒无人烟的戈壁孤洲上，交通不便，信息不灵，职工们没有社会活动，没有文体娱乐，没有亲人团聚的天伦之乐。形影相吊的孤独，使职工们常常为等待一个远方熟人的到来，望眼欲穿；为盼望一封来自亲友的书信，长夜不眠。一旦见到熟人或接到书信，真是欢喜若狂，而别的人也往往因此更勾起思乡的忧愁。特别是有点病痛的时候，这种孤寂之感就更显得突出可怕了。记得有一年夏天，一位姓陈的同事，因偶受暑热，发高烧，当我们备了所里唯一的牛车要拉他进城时，他偷偷流着眼泪对照顾他的人说："我看来不行了，我死了之后，可别把我扔在沙堆中，请你们好好把我埋在泥土里呀！"（后来他在医院病愈之后，便坚决辞职回南方去了）类似的情况，对大家心理影响很大，因为谁也不知道哪一天病魔会找到自己头上。的确，如果碰上急性传染病的话，靠这辆老牛车（到县城要六个小时），是很难救急的，那就难逃葬尸沙丘的命运了。在这种情绪低沉的险恶境况下，大家都有一种

"但愿生入玉门关"的心情。但对于我这个已下破釜沉舟之心的"敦煌迷"来说，这些并没有使我动摇。记得画家张大千曾来敦煌进行"深山探宝"，临走时，半开玩笑地对我说："我们先走了，而你却要在这里无穷无尽地研究保管下去，这是一个长期的——无期徒刑呀！"

"无期徒刑吗？"我虽然顿时袭来一阵苦恼和忧愁，但还是坚定地表示了我的决心。我对他说：如果认为在敦煌工作是"徒刑"的话，那么就算这个是"无期徒刑我也在所不辞，因为这是我梦寐以求的神圣工作和理想"。虽然是这样回答了他并决心经受千难万险也要干下去，但眼前的现实实在令人愤慨，一种灰溜溜的不祥预感常常袭上心头，一场更残酷的打击正向我扑来。

十四　严峻的考验

一九四三年秋天，一直留恋大城市安逸生活、两次和我分离的妻子，在我的不断鼓动下，终于动身来到敦煌。虽然一路上叫苦连天，但当这个绚丽多彩的艺术宫殿呈现在她面前时，她热爱雕塑艺术的热情被重新燃烧起来。她感到很有兴趣，不虚此行，并立即参加了我们的临摹复制工作。

但是，随着沙漠中万木凋枯的寒冬的来临，在时间和艰苦生活的考验面前，她灵魂深处的思想意识的弱点浮现出来，最初的兴趣渐渐消失了，对艰苦生活的不满和牢骚日益多起来。一天，当我结束了工作，带着疲劳而满足的心情回到宿舍时，忽然发现她不见了，哪里也找不到。我责备自己一味埋头工作，平时对她关心太少了。但也感到，她来这里无非是作一次短期旅行，并没有长期待下去的打算。粗粝的饮食，单调、枯燥的生活和工作环境，当然无法满足她的要求。但终没想到，她竟如此狠心地丢下她的两个儿女和艺术事业，不辞而别。当时，这对我真是个晴天霹雳。开始，我真不知如何办才好。我尽力找了各种可能找到的交通工具去追赶她，但结果茫然。在途中，我饥饿、愤慨和疲劳交加，终于从马背上昏倒摔下来，幸而被长期坚持戈壁滩工作的老友地质学家孙健初（已故）和一位老工人发现（并）救了我，把我护送回到敦煌。

我在子女凄惨的哭号声中，承受着这场生活中的严峻打击和考验……

在那个苦不成寐的长夜中，我思绪万千，痛苦和悲愤交织而来，我恨国民党政府，在我们为敦煌艺术献身的工作长河中，掀起千层沉船的恶浪。如今，把我们六个人抛置在大西北戈壁上，置之不理，不与分文，让艰难险阻层层困苦对我们进行折磨……怎么办？我眼前又浮现出重庆那些进步人士和至诚好友的热情而殷切的目光；忽而，我脑海中又呈现出那一幅幅丰姿多彩的壁画，那栩栩如生的雕塑，继而，我又想到第254窟中著名的北魏壁画"萨埵那太子舍身饲虎图"，它那粗犷的画风与深刻的寓意，又一次强烈地冲击着我。我想萨埵那太子可以舍身饲虎，我为什么不能舍弃一切侍奉艺术、侍奉这座伟大的民族艺术宝库呢？在这黑暗的动乱年代，它是多么需要保护，需要终身为它效力的人啊！我深深感到，如果我放弃自己的责任而退却的话，这个劫后余生的艺术宝库，很可能随时再受万劫不复的洗劫！

不能走！再严酷的折磨，也要坚持干下去。我要在黑夜中奋斗，迎接总会到来的黎明。皎洁的月光洒满窗帘，我带着不渝的坚贞沉入梦乡。梦中，我看到一个个"飞天"从洞窟中翩翩飞出，天空飘满五彩缤纷的花朵，铁马的叮当声奏出美妙的乐曲……

下定在敦煌长期干下去的决心后，我给当时支持并鼓励我来敦煌的梁思成打了一个电报，代我们责问教育部：他们为什么打发我们到荒无人烟的沙漠孤岛上，半年多时间分文不给？要他们回答并解决这个问题，否则，我们全体工作人员将来重庆，向公众控诉他们。第三天，我们接到梁的回电说：接电后，即去教育部查询，他们把责任推给财政部，经财政部查明，并无"国立敦煌艺术研究所"的预算，只有一个"国立东方艺术研究所"，因查无地点，不知所在，无从汇款。此系官僚机构的荒唐行径，现已查明，款即照汇，望继续努力。复电和随同寄来的经费，对工作人员的思想情绪起到了暂时的稳定作用，经费除还债外，还有一部分结余。于是又托成都的朋友购买了一点临摹用的绘画颜料、纸张，以及裱画的绫边，和历史、美术（包括帝国主义盗窃敦煌文物后刊印的报告、文章）等参考资料。同时，还扩大了编制，招收了几个新的有专业知识的职工。为了专心工作，我还把在酒泉上中学的女儿沙娜叫来，跟我一起学习临摹壁画并照料失去母亲的幼小弟弟。

一九四五年春，我们还借把临摹的画拿到重庆装裱的机会，在那里搞了一个小规模展览。一方面介绍我们的工作成果，一方面向广大人民介绍我国自北魏以来各朝代连续不断地发展创造的敦煌艺术的辉煌成果，引起人民对伟大民族珍贵的艺术遗产的重视，也吸引内地艺术学校毕业生和画家，到敦煌来进修和研究祖国的传统艺术。

当我憧憬着我的事业的美好前景时，一九四五年七月，美景未至，一个致命的打击却扑面而来。国民党教育部来了一道命令，宣布撤销"敦煌艺术研究所"，命令我们把石窟移交敦煌县政府。妻子弃走的折磨刚刚平息，现在，我拿着命令，简直呆傻了，这简直是致命的一刀啊！这个为国民党政府粉饰太平的装饰品，终于被凶狠地摔到地上。

这接踵而来的打击，使我像狂风恶浪中的孤舟一样，忽而浮起，忽而沉下。我刚刚振奋起来的热忱，又一次被无情地吞没了。怎么办？正在这濒于绝望的时刻，我接到一封没有发信地址和人名的来信，信打开后才知道，原来是张民权同志在赴延安之前于重庆寄来的。他信中说到由他带去重庆的首批千佛洞壁画摹本，在重庆中苏文协楼上正式展出时，意外地受到中共董必武、周恩来、林伯渠、郭沫若等同志的亲自参观。信中还转达了中国共产党领导人以及大后方文化界进步人士对我们在边陲戈壁为保护祖国艺术遗产所做工作的支持和赞扬。郭沫若同志还在《大公报》上发表了感情充沛的诗篇。读完这封激励人心的信，我心情很久不能平静，周恩来、董必武同志在和国民党紧张谈判时，还抽出时间来看我们敦煌工作的微不足道的成果，并给予我们如此珍贵的鼓励、支持，它像火一样重新点燃起我心灵中即将熄灭的火种。我立即提笔写信，发给曾支持敦煌工作的爱国民主人士，把国民党教育部取消敦煌艺术研究所的情况告诉他们，并表示，我们坚决不走，要继续干下去，希望他们代为呼吁。

不久，陆续收到各处热情支持我们坚持下去的信，有的朋友告诉我，他们正和一个民办艺术机关联系，这个机关已向教育部表示，如部里取消这个国立的艺术研究所，他们就接管。这些信暂时稳定了职工们的情绪。

但一两个月过去了，和教育部关系已断，经费也停发。我们只好靠那点余款度日，并节约开支，每人每月只发生活费五十元。维修工作也只得停止下来，但临摹、调查、研究以及引导游客参观工作仍照常进行。

为了应付经费紧张问题，我们想了一些办法，记得当时已定做的第428窟的木门，木材工料费要二三百元，这笔钱在当时可不是小数目。恰好这时城里的一个商人要我画一幅画像，我就借机请他捐款。最后，他拿出了这笔款子，但希望把他和他的儿孙的名字刻在木门上作为捐款的回报，此外还要我一幅油画像。这时虽然暂且能勉强度日，但职工们受打击很大，情绪也受到一定影响。这年八月十五日，传来日寇投降的消息，我亲自跑进大佛殿在铁钟上重重地打了二十一下，并向职工们宣布了这个大喜的消息。这天，我们杀了一头羊，热热闹闹地聚餐庆祝。这时，国民党的中央研究院接管我们所的通知也收到了。

但是，接着而来的是一个散伙"复员"的狂潮，一些职工看到日寇已投降，又可和敌占区的亲属团聚了；有的无心再待在这个荒凉之地，都相继辞职离开了。这是又一次的打击，几年的艰难困苦生活都熬过来了，如今却坚持不住半途"退伍"了。我也又一次触动了思乡之情，我是一个生长在西子湖畔的南方人，在敦煌不但落得妻离家破，还不断遭受种种打击。

记得一个月明星稀、万籁俱寂的深夜，我思索着自己今后的去向，是留？还是走？这时我仿佛听到九层楼屋檐的铁马在凉风中悲鸣，我披衣走出屋，任凉风吹拂。我向北端的石窟群望去，"层楼洞天"依稀可辨，那是多么熟悉的壁画和彩塑，它们在月光下闪烁着光芒……在那里有着多么迷人的珍贵艺术啊！如第220窟贞观十六年唐人画的壁画，是初唐的代表作品。是一九四四年，我和老工人窦占彪一道从宋代重绘的泥壁上剥露出来的，色彩金碧辉煌，灿烂如新，东壁左右的维摩诘变中的维摩诘居士的画像，带有晋代大画家顾恺之"清赢"的画风和神态。这是莫高窟所有五十余幅维摩诘变中最好的一幅，这是前人，包括帝国主义分子伯希和、斯坦因、华尔纳之流，以及张大千所从未见识过的。

第 285 窟是西魏大统四年和五年（公元五三八至五三九）修建的，是隋唐以前最为精美完整的中国民族艺术代表窟，美国文化间谍华尔纳曾于一九二五年，妄图明目张胆地盗取窟中壁画，遭到敦煌劳动人民的反抗而未得逞。另一个修建于宋代太平兴国五年的第 61 窟的文殊洞西壁画《五台山》立体地图，高五米，长十三米，是一幅精美绝伦的艺术珍宝，画中的城楼台阁、伽蓝、寺庙、庵、观、亭、阁、桥梁分别布置在"五台"和"繁峙"两县境内五百里的寄岩峰和五台峰中，在曲折的山山水水里面还穿插了看不完的山乡行旅，朝山进香的信徒，高僧说法时的听讲群众，旅店、磨坊、行人、走马、骆驼等等无不应有尽有，真是一幅举世无双的现存最大最古的山水人物和界画。

这时，我不由又想起前几天，由县长带来的一个国民党师长，在游览中竟想凭他的势力，明火执仗地拿走石窟中一件北魏彩塑的事来。后来我费尽口舌，并以一幅常沙娜画的飞天的临摹画作交换，才把那个厚颜无耻的家伙送走。

想到这些，我如果此时离开，把权力交给酒泉的专员、敦煌的县长，这个艺术宝库的命运是不堪设想的。两年多的艰苦岁月，这些洞窟的艺术作品留下了我们的辛勤汗水；而这些艺术珍品也在艰苦环境中给了我们欢乐和欣慰。我决不能离开，我默默发誓，不管任何艰难险阻，我与敦煌艺术终生相伴！

十五　黎明前夜

心情稳定了，我的事业心愈加强烈。但当时最困难的是人手问题。老的专业人员几乎都走了，光我们一两个人单枪匹马总不是办法。我决心到重庆去找接管我们所的中央研究院解决。

重庆市一片混乱，搬家的，拍卖家具和美国剩余物资的五花八门的小摊子云集街道两旁，而那些达官贵人，贪官污吏，这时飞来串去更加忙碌，他们在大发接收财。我在中央研究院找不到一个负责人，原来都到南京、上海去了，剩下几个秘书看家。在出来的路上，偶然在一个搬家的混乱人群中，见到一个教育部的处长。他告诉我说，敦煌艺术研究所可能仍归教育部领导，并答应解决经费问题，这家伙洋洋得意地说："日本投降了，咱们有了钱啦。"原来如此！

回敦煌石窟途中，我尽力购买到一些纸张、颜料。一九四七年，由重庆和成都来了一批艺专毕业的男女青年美术工作者。在我准备重整旗鼓而又孤立无援之际，这批生龙活虎的生力军的到来，真使我喜出望外，也增添了我坚持下去的信心。李承仙同志是他们中间的一个，她后来成了我得力的助手和志同道合的伴侣。我计划集中力量临摹壁画，把各个时代的代表性作品都临摹下来，准备将来再办一个较大规模的展览，系统地介绍千余年的中国美术发展演变情况。

大量的洞窟临摹工作开始了，这是一项很艰苦的劳动。由于石窟开凿在一条坐东朝西的峭壁上，而洞窟一般只有一个向东的进光线的门，加上每个洞窟都有一段甬道，所以经过甬道遮掩，真正能照在壁画上的光线就十分微弱了，到下午光线就更加暗淡，对临摹者来说，很费眼力。尤其在寒冬季节，又黑又冷。我们没有梯架设备，没有照明器材，只能在小板桌、小凳上工作，对看不清的地方，就要一手举着小油灯，一手执笔，照一下，画一笔，十分费力。遇到大的画面，还要在梯子上爬上爬下，十分艰苦。特别是临摹窟顶画时，就更加艰苦了，要昂着头，头、脖子和身体都成了九十度的直角，望着窟顶看一眼，要低头画一笔，不一会儿就会头昏脑涨，有的甚至恶心呕吐。后来，我们群策群力，用镜子反光，使它射到一幅白布上，解决了加强洞中光线问题，同时也解决了摹写窟顶藻井的耗费体力问题。

戈壁滩冬天来得早、去得晚。每年八、九、十月便下起雪来，正如唐朝诗人岑参诗中所写："北风卷地白草折，胡天八月即飞雪"，"瀚海阑干百丈冰，愁云惨淡万里凝。"在这样的寒冷季节，颜料凝结，手脚僵硬，临摹工作只得停下。这时我们便改做专题资料的搜集和整理研究工作。就是在这种艰苦条件下，经过大家努力，我们完成了大量的工作。

到一九四八年初，我们共按计划完成了历代壁画代表作选、历代藻井图案选、历代佛光图案选、历代莲座图案选、历代线条选、历代建筑资料选、历代飞天选、历代山水人物选、历代服饰选以及宋代佛教故事画选等十几个专题，共选绘了壁画摹本八百多幅。我们报给教育部，希望这些作品能在各大城市巡回展出，但久无批准消息。

一九四八年，国民党军队在中国人民解放军的强大攻势下，节节败退，蒋管区人心浮动，眼看蒋家王朝已朝不保夕。这时，他们突然想利用一下敦煌展览，以麻痹国统区人民，故作镇定，装饰局面。所以，教育部不但同意展览，而且要求在海报上打起由教育部主办的牌子来。

八月二十二日，经过一个月的匆忙筹备，这些作品在南京国立中央研究院展出，开幕之日，外交部与教育部还联名邀请了当时驻华外交使节来参观。殊不知正是这帮贪官污吏，几次置敦煌艺术研究保护事业于死地，如今又把从他们手中劫后余生的艺术品拿来装潢门面。真是厚颜无耻！

在展出期间，我们收到一些来信，信中提醒我们说："现在蒋帮的末日已到，希望提高警惕，努力保护敦煌艺术宝库，只有毛主席、共产党才能救中国，救敦煌艺术。"这及时的提醒使我擦亮了眼睛，增加了警惕。

我想利用展出机会，将展品中较好的作品，在上海彩印出版。但教育部不同意，这件事传到上海，一些热爱敦煌艺术的进步人士十分气愤。他们斥责国民党政府只知道到处接收财物，搜刮民脂民膏，却不知道保护祖国的文化遗产，几个热心的人愿意私人投资印刷出版，新中国成立后曾担任文化部副部长的郑振铎先生就是其中一个。私人集资印行《敦煌艺术》彩色图集的消息在《大公报》上报了一下，这一来，触动了心怀叵测的蒋介石政府的猜忌和怀疑。

教育部出面让我把展品运到台湾展出，我借口正在制版加以拒绝，说等制版后即去。有一天，一个自称剡某的教育部社会教育司的头头，突然闯进我的住处，他拿出教育部长朱家骅亲笔签名的指令，要我快速把全部敦煌摹本运往台湾展出。为了应付这一阴谋，我搪塞说："很快就要制完版了，然后就去。"当时国民党已经全线土崩瓦解，上海市金融市场混乱，人心惶惶。这个家伙无心久留，对我虚张声势地吓唬一番，说什么手令要遵守，如不照办，后果自负云云。当晚便急忙乘飞机溜到广州去了。

为了防止反动派的新阴谋，我连夜将摹本分别交给上海和杭州的两个亲友隐藏起来。第三天，我通过朋友搞到一张去兰州的飞机票，离开了混乱的上海。

当我辗转兰州、酒泉、安西回到千佛洞时，已是一九四八年十一月底的一个晚上。塞外的苦寒季节开始了。在月光下，高大的白杨树都裸露着光秃秃的枝丫，落叶和泡泡刺（一种当地植物的种子）被寒风卷着团团飞舞。我从小驴背上下来时，中寺空寂无人，只见老喇嘛迎面走过来，这个年过八十的老人，是我寺中唯一的邻居，我大声亲热地招呼他，他一看是我，急忙拨开围到嘴边的头巾，双手合十很有礼貌地说：是所长吧！辛苦了！一个人这么晚回来，你可冻坏了！……说完，口中念念有词地去了。

在中寺我们办公室里，只有两个年老的工作人员正围着一堆柴烤火，见我来了，给我端来一张板凳，倒了一满杯热茶，我和他们一块儿边烤火边聊起来。因为经费无着，几年来与我患难与共的职工都纷纷另谋生路去了，他们是留下来的少数人中的两个。他们热情地帮我打扫房间，生火、点灯。当他们走后，我感到周围是那样空虚与寂寞，一轮孤月，几点繁星，空对着霜雪满地的无垠瀚海。真是"倦旅归来，万念俱灰"。我感到心胸闷得难受，便下意识地推开窗户，一股刺骨的寒风迎面扑来，灯也一下子吹灭了。等我关上窗，重新点上油灯时，发现窗前的书架上已经留下了一层细细的流沙。沙，这个可恶的得寸进尺的东西！我们在这里和它斗争了多年，如果我们退却，它就会把我们连同整个千佛洞全部吞没！我猛然想起三年前在重庆举办敦煌壁画临摹本展览时周恩来同志曾鼓励我们要坚持干下去的话，于是振作精神，抹去桌上的流沙，开始提笔写一篇向广大人民群众呼吁的文章。这就是后来登在同年十二月十四日上海《大公报》上的《从敦煌近事说到千佛洞的危机》一文。在文章中，我提出了与流沙斗争是关系到中华民族文化能否万世永存的问题。

文章刊出后，我陆续收到不少全国各地好心读者的来信，信中对我们千佛洞的工作表示热情的慰问和支持。记得其中有一封署名戈扬来自上海的信中说:"你们的艰苦工作我们不但知道而且经常关心着,望坚守岗位不屈不挠地继续努力,直到即将来到的全国人民的大解放。"

一九四九年初,国民党政府已到了日暮途穷、全面崩溃的状态,七月份,酒泉来人告诉我们说,甘肃省政府的官僚们正收拾金银财宝,准备经新疆、印度逃往台湾。这时,到处发生溃逃的国民党军队抢劫财物、残害人命的事件。为了防止国民党隐藏的匪特与溃败的军队勾结,破坏和抢劫千佛洞文物,我们曾组织了几个人的保卫小组,除日夜值班外,还在山口岩边置岗哨。我们还在石窟群最高的第130、156、158、159等窟内储藏了干粮、咸菜和水缸,准备了几支破旧的步枪、石块、沙袋,一旦出现紧急情况,就坚守石窟,与敌人进行战斗。

各种谣言不断从敦煌城传来,弄得有些职工有些恐慌。我想,如果真的有一批国民党溃退的军队来抢劫石窟文物的话,虽然我们会拼死抵抗,但唯恐寡不敌众,民族艺术文物仍遭劫难。我们焦急地期待着解放大军早日到来,把千年的灿烂艺术珍宝从黑暗的社会里解放出来。

编者注:原载于《文史资料丛刊》第一辑。

铁马响叮当——敦煌的春天

一 欢庆解放

荣辱盛衰几千载，一唱雄鸡天下白。

一九四九年九月二十八日，塞外晴空如洗，阳光灿烂，一面鲜艳的红旗飘扬在敦煌城头，继酒泉、玉门、安西解放之后，敦煌古城也宣告解放了。

敦煌，这个戈壁滩上的孤岛绿洲，几千年来，历代劳动人民曾在这里创造出举世无双的伟大的民族艺术珍宝；也铭刻下古代各民族、各国人民之间经济、文化友好往来的友谊诗章；二十世纪初以来，这里又留下了帝国主义分子疯狂掠夺盗窃中华民族文物艺术的可耻痕迹。如今，沧桑巨变，劳动人民创造的艺术宝库，度过千年长夜，终于又回到了劳动人民的怀抱！从此，敦煌历史翻开了崭新的一页，开始了美好的新生。

这一天，我们在千佛洞也升起了红旗。一时弄不到爆竹，我便到九层楼（修建于八世纪初开元年间的第96窟）大殿里，敲起了大佛殿的古钟，一连打了二十一下……浑厚的钟声和着我们的欢呼，在沉睡千年而初醒的峡谷中回荡着敦煌春天到来的欢欣！当天下午从城里回来的工人窦占彪告诉我，由毛主席、朱总司令署名的安民布告已张贴在大街小巷。我们连夜把准备好的欢迎中国共产党和人民解放军的红标语张贴在白杨树的枝干上！

第二天一清早，一支威武雄壮的解放军队伍乘着三辆大卡车来到千佛洞。他们一个个服装整洁，精神饱满，生龙活虎，和蔼可亲。我们兴高采烈地引导他们参观。第一次给人民子弟兵——我们的解放者导游讲解，我们心中都感到一种说不出的惬意。

在我陪同的参观队伍中，有一位解放军骑兵师的张师长，他很风趣地笑着对我说："看，我们并不是像蒋匪帮宣传的那种青面獠牙的吃人怪物吧！"

我听了也禁不住笑了起来，忙回答说："不！哪里有人相信他们的鬼话？其实，他们自己才正是杀人放火的强盗哩！他们在临解放的前两天，还在阳关所在的南湖枪杀了不少民兵，并且进行了野蛮的抢劫！"我告诉他，就在临解放的前几天，他们到处杀人放火，还扬言要来千佛洞抢劫，为此，我们还做了一些保护石窟文物的戒备工作。

我陪同参观到石窟群南侧第 130 窟和第 158 窟之间，这里是石窟群的制高点，张师长很认真地看了我们用沙包构筑的工事及预藏的枪支、弹药以及干粮、水和铺盖等，不禁用赞叹的口气说："很好，很好。别看你们表面上文质彬彬，到了紧要关头还真有两手哩！……现在有了共产党、毛主席的领导，在解放后的新中国，你们再也不用担心这里受人抢劫和破坏了！过去，你们长期在沙漠中艰苦工作的精神是很可贵的，相信你们今后会更好地从事石窟宝库的保护和研究，专心致志地贡献自己的力量。"

他说罢，从口袋里掏出一本小册子给我。这是一个以郭沫若同志为首的北平文化界对全国文化工作者的宣言。宣言中强调指出：文化工作者只有在政治上坚决向共产党靠近，才有光明的出路，并号召人们在新形势下努力学习，加强思想改造。记得小册子里还登载了郭沫若同志到达初获解放的北平时，在火车站即席向新闻记者发表的激动人心的诗句："多少人民血，换得此和平。"我看了感动地对张师长说："谢谢你们，这正是我们需要好好学习的材料啊！"

几天后，我接到刚成立的敦煌县人民政府的邀请，荣幸地去参加全县庆祝胜利解放的军民联欢庆功大会。

那一天，重获新生的古城，完全沉浸在一片欢腾喜悦之中。这个不久前还是一派凄凉冷落死气沉沉的塞外孤城，如今变得生机勃勃、欣欣向荣了。只见大街小巷，张灯结彩，红旗飘扬，商店营业繁忙，街头熙熙攘攘。军民联欢的秧歌队、高跷队披红挂绿，在喧天的锣鼓声、震耳的鞭炮声中载歌载舞。从四面八方涌来的男女老幼，个个笑逐颜开，欢呼庆贺。入夜后，在敦煌钟楼上人们按照旧时敦煌古郡正月十五彩绘壁灯晚会之夜的传统风俗，张挂了两三丈高的大幅人物彩绘画幡，在大幅绢画幡上有数以百计的小油灯，真是万家灯火，普天同庆。在这欢乐幸福的人潮之中，我仿佛觉得自己已置身于敦煌壁画的"西方净土极乐世界"幻想的天地中了!

我正沉醉在这美好的场景时,冷不防一个快乐活泼的小战士从街心里窜出来,一把将我拖进了秧歌队。我从来没跳过这种舞,但在那位战士的帮助和带动下,随着军民联欢的人流,踏着音乐节奏,模拟着别人的动作,笨拙地转动身子跳起欢乐的秧歌舞来。这是我有生以来第一次深切地忘我地感受到自己融合在人民解放军及工农群众快乐的队伍里,无分彼此地一起用舞蹈庆祝敦煌解放。

第一个国庆节刚过,我们正在热情地接待着一批批络绎不绝的乘卡车来千佛洞参观的队伍时,又意外地收到郭沫若同志发自人民首都北京的电报,和西谛(即郑振铎)先生的热情洋溢的来信。回想一九四五年我们突然接到国民党教育部通令取消敦煌研究所的动荡时刻,特地请张民权同志带着仅有的一些摹本,在重庆七星岗中苏文化协会举办了一个敦煌壁画摹本展览会,以引起朝野对我们在沙漠中工作的人的同情和支持。这时正在和国民党进行和谈的敬爱的周恩来同志和董必武同志等不止一次地亲临会场,给过我们宝贵的支持。这次,郭老又热情地慰问并鼓励要我们更好地为人民中国保护好敦煌民族文化宝贵的遗产。郑振铎先生是最早赞助我去敦煌的好友之一,他对敦煌艺术始终关心着。一九四八年敦煌艺术在上海展出时,他曾从各个方面给予大力的支持和帮助。今天他在信中再一次对我们多年在沙漠中为祖国保护敦煌文物艺术付出的辛勤劳动表示衷心慰问，并殷切地希望我们坚守岗位，继续努力，在保护和研究工作中做出更大的贡献。

在荒凉的大西北沙漠中，几经风波，苦度八年岁月的我们，在今天受到首都各界人士的慰问和鼓励时，兴奋的心情是难以用笔墨形容的。这种在共产党领导下的新中国对祖国文化艺术工作的关心和爱护，恰恰和国民党反动政府对文化工作的摧残破坏形成鲜明的对照。

此后，我们又陆续收到来自北京、沈阳、上海等地的不少信件、书籍、资料。其中有毛主席的《在延安文艺座谈会上的讲话》和《新民主主义论》等重要的学习材料。我们的思想认识得到了进一步的提高。

在这以后，有几个未能正确理解党的政策的人，却把挂在上寺门口道光十七年雷音寺的匾额和大佛殿有关历史记录的匾额等等统统拉下来销毁了。一九四九年十月二十日酒泉军分区接管敦煌艺术研究所，有人来我家中，正式对我们宣布："彻底清点你的财产，听候发落。"这种错误的做法被酒泉地委闻悉后，立即加以纠正。十二月底，酒泉地委副书记贺建山同志和酒泉行署专员刘文山同志亲自来到研究所。他们向我们说明，由于没有调查研究，不了解敦煌艺术研究所业务的性质和常书鸿所长领导下艰苦工作的精神而导致误判。你们不但没有错误，而且是应该受到鼓励和保护的。他们携带许多慰问品，有小米、棉军服等一些生活和工作上的必需品，并退还前些时候接收去的所中工作必需的照相器材、发电机，以及绘画用的笔墨颜色纸张等。他们除了表示慰问，还传达了地委刘长亮书记的指示："大家要在常书鸿所长领导下，继续为祖国伟大的民族艺术宝库的研究和保护工作做出努力。"酒泉地区党委对我们无微不至的关照和慰问，使全所同志感到十分欣慰和感激。回忆国民党反动派在覆没的前夜，还要宣布解散我们苦心孤诣地在沙漠中建立起来的敦煌艺术研究所，把我们这四五个坚持工作的人抛弃在沙漠绝境中，置之不理。相形之下，叫我们怎能不振作精神安下心来在敦煌好好工作！但是也有少数同志见异思迁，受"左"倾思潮的影响，认为，全国解放了，随解放军进军新疆或参加土改，才是革命的正路。在千佛洞长年累月和佛菩萨打交道是干宣传封建迷信的"罪恶"勾当。他们不安心于默默无闻的敦煌文物的保护和研究工作，闹情绪，打报告……酒泉地委和专署的领导同志，帮助我们做思想工作，并专门开汽车来接研究所业务干部到酒泉去过解放后的第一个新年。我和少数同志为了照管所中日常的工作，仍然留在千佛洞。为了欢庆解放后第一个新年，我们绘制了一批木刻年画。

春节后，一些同志从酒泉回来了，天气也暖和了，洞窟的保护维修和壁画临摹工作应该开始了。但有些人还是坚持不搞"封建迷信"的敦煌壁画临摹工作，认为搞临摹壁画还不如搞生产劳动。从四月到八月，千佛洞的"大生产"搞开了，研究所的工作该怎么搞，不明确，为此我把情况向郑振铎局长作了反映。到了一九五〇年八月，我们接到西北文化部通知，"研究所"将由西北军政委员会文化部领导。九月间西北军政委员会文化部文物处赵望云、张明坦正副处长前来接管敦煌艺术研究所工作。他们随身带来了不少慰问品，其中包括我们工作中急需的收音机、绘画颜色及笔墨纸张、文化用品等等。连我们出生不久小孩的衣物都不远千里专门送到我们的宿舍。当孩子的妈妈李承仙再三推辞不肯接受时，张副处长说："非接受不可呦！这是延安解放区军民一家的革命老传统，这些是我们专门给同志们带到敦煌戈壁滩上来的。"他们的真挚话语，使我们同会见亲人一样，感到热烘烘的。就这样，不到半天，张明坦同志，以及原来熟悉的老朋友赵望云同志和所中的其他同志们都打成一片了。

四五天过去后，适逢八月中秋佳节，根据赵望云同志的提议，举行一个象征全所团结的月光晚会。月光晚会在中寺前院两棵大榆树下露天板桌间召开。因为今年千佛洞搞大生产，我们在二十几亩地上种的哈密瓜、白兰瓜、西瓜，加上果园的梨子、枣子等等，都获得了从未有过的大丰收。戈壁滩上，月明如洗，桌上摆满刚摘下的大红枣、李光桃、软儿梨、哈密瓜、白兰瓜、西瓜和大如面盆、雕刻着敦煌莫高窟藻井花样的胡饼，显示出敦煌地区特有的秋色。画家又是书法家的赵望云处长，嘴中含着香烟，歪着头拉着"山丹丹开花红艳艳"的曲调，这是多么令人神往的情景啊！

二 筹备京展

本来西北军政委员会文化部要在一九五〇年十月在西安召开西北文化工作人员代表大会，并决定让我做代表。在离开敦煌动身南下的前夜，我接到了北京中央人民政府文化部国家社会文化事业管理局局长郑振铎给我的急电，内称："经中央研究决定，为配合抗美援朝，进行爱国主义教育，在北京举办一个大型敦煌文物展览会，请即速携带全部敦煌壁画摹本和重要经卷文物来京筹备为要。"我拆看之后，随即将电文交给张明坦同志。张问：有什么困难没有？摹本是否在敦煌？我对张明坦同志说："全部摹本并没有在敦煌。但我必须连夜去千佛洞取一九四五年我们发现的六朝藏经和唐代绢画等，那是我们自己发现的重要文物资料。"但是，说话时距明晨九时出发的时间只有十二个小时了，城里没有汽车，千佛洞来回城乡走便道也有七八十里路，要经过"二层台子"大沙梁，不知如何是好。张明坦同志着急地看着我……我毫不犹豫地说："只有我去！我骑我自己的老马走便道去。"十分钟后，我趁着秋季明亮的下弦月，一个人策马奔向戈壁滩。这种深夜乘马走沙漠的情况，使我回忆起一九四五年不分昼夜地奔走玉门的往事，但是今天的心情苦乐与过去不同啊！坐在向沙漠急驰的老马背上，我忽然想到唐代诗人王昌龄的《从军行》：

> 青海长云暗雪山，孤城遥望玉门关。
> 黄沙百战穿金甲，不破楼兰终不还。

快马加鞭，我不到两小时已飞速地赶到了千佛洞，把这个消息告诉留守在研究所的业务干部李承仙、黄文馥、欧阳琳三位女同志，她们听说敦煌艺术要到人民的首都去展出，一个个都忘记了半夜的疲倦，迅速地行动起来，我们共同检出所中最近发现的六朝经卷、唐代绢画以及去年临摹的各种专题摹本，一直到三危山显露出黎明的曙光，时钟已指到四点的时候，我才检点行装，快马加鞭地一口气赶回敦煌。经过佛爷庙时太阳从三危山上慢慢升起来，起早贪黑的沙边上的勤苦的农民，早已套上牛马、骑毛驴去地里耕作了……等我跑进城时，时钟已指在九点，一辆大卡车已装得满满的。张明坦同志坐在车顶上向我招手："就等你上车开车了！"我下了马把从莫高窟拿来的摹本等交给张明坦同志，爬上卡车，坐稳了，汽车随即发动。我擦了擦脸上的汗水，对张明坦同志说："总算赶上了……"车子加了油正在啪啪地发动时，忽然从"财神巷"我所驻城办事处跑出了三个别有用心的人，拦住车子，不让我们带敦煌壁画摹本去北京筹备展出。后来经张明坦同志的批评，才没精打采地退下去。这时坐在司机旁的赵望云处长愤怒地说："这真是无理取闹！赶紧开车吧！"汽车冲过甜水井沙窝子，在安敦公路上加速前进。"还有四百公里才能到酒泉呢！"这是司机抱怨似的自言自语的声音。

　　汽车经过河西走廊，日行夜宿，赶了三天三夜才到兰州。在兰州住了一夜，东行经过六盘山到达了丝绸之路的长安故都。这是解放后西北军政委员会的所在地。在这里，我们经张明坦同志的介绍，见到了彭德怀将军和西北文联主席延安老区的诗人柯仲平，见到了习仲勋主任，以及石鲁等同志。他们都是西北革命文艺工作者的先辈，亲自聆听过毛主席《在延安文艺座谈会上的讲话》的老干部。他们都是来参加西北文化工作者代表大会的。这次大会使我们有机会进一步加深理解党的文艺工作的方针政策，懂得文艺如何为无产阶级政治服务、为工农兵服务和如何使文艺在普及的基础上提高，在提高的指导下普及的辩证关系。

同时在西安参加西北文代会期间，我又接到来自中央文化部的信，敦促我早日去京，说这次在北京的敦煌展出的工作任务很重，时间很紧，需要带几个敦煌干部协助筹备敦煌文物展览会。我接到信后，就去信致所中同志李承仙、潘絜兹和刚从美国回来的常沙娜等，来北京参加筹备工作。首先由李承仙从上海、杭州提前运回寄存在亲戚家的全部摹本。

文化部社会文化事业管理局决定利用历史博物馆（编者注：应为故宫博物院）午门楼上作为展览会场，还借用西朝房成立一个筹备敦煌文物展览工作室。筹备工作是在中央文化部社会文化事业管理局郑振铎局长和王冶秋副局长亲自主持下进行的，并且组织历史博物馆、北京大学、清华大学、美术学院、考古研究所有关学者和敦煌学专家，历史、考古专家教授向达、王重民、傅振伦、徐悲鸿、邓以蛰、陈梦家、梁思成、周一良、周叔迦、夏鼐、王逊、沈从文、阴法鲁、傅乐焕、阎文儒、宿白等给予指导。由李承仙及历史博物馆的同志们负责编排、布置一切展出日常工作。历时四个月，于四月中旬筹备就绪。开幕之前，郑振铎局长召集首都有关敦煌学及敦煌艺术研究专家，在团城开了一次会，报告了敦煌文物展览筹备的经过，指出敦煌石窟艺术是敦煌学的重要组成部分，也是祖国民族艺术自四世纪到十四纪前后一千年中，中国佛教艺术发生发展的根源，是无比重要的民族文化遗产的宝库，而这个宝库，像石窟秘藏一样，曾被帝国主义者，用胶粘、斧剥等方式进行盗窃和破坏。只有在人民政权之下，劳动人民的艺术创作与文物，才能得到保护，而不致遭受掠夺与破坏。这便是敦煌文物展览的主要意义。郑振铎局长的讲话，受到专家们热烈的鼓掌。郑振铎先生是我一九二七年去法国之前，早已认识的文艺界的长者。一九二四年在杭州梅花碑旧书店同我第一次会见时，他手里挟着一个大包袱，里面包着他从旧书店里收购来的明清善本书。他笑着问我："你喜欢《小说月报》吗？"许杰同志告诉我："他就是商务印书馆出版的《小说月报》的主编。"我说："我喜欢看《小说月报》的小说。"郑振铎说："那很好。我以后给你寄几本。"他回去以后，果然寄给我好几本当时商务印书馆出版的《小说月报》《妇女杂志》和《东方杂志》等。从此引起了我对新文学的爱好。所以当一九四八年五月，我在上海举办敦煌艺展时，郑先生和刘海粟先生特地到大新公司展览会场来找我，说这次展览会在上海美术界的影响很大，办得很好，郑振铎先生还表示，想把全部展品用珂罗版印刷出版。我当时计划出彩色版，而没成功。但这时郑先生已编排了敦煌壁画选辑，并有信心地表示，有一天一定能实现我们的计划。

我们到达北京后，在董希文同志那里非常偶然地得知原来上海建业银行的黄肇兴先生，现在在北京工作。郑振铎局长得知后，非常满意地要我和王冶秋副局长与黄联系。最后知道全部敦煌彩色摹本已制好印版，他表示愿意让给国家投资出版，这就是文物出版社在上海出版的第一册彩色《敦煌壁画选》，这也是我国第一本彩色出版的画册。印刷品质比较好，超过了伯希和一九二五年在法国出版的敦煌单色照相图录。

由于有领导和同志们的帮助，展览筹备工作进展还是快的，到一九五一年四月初，筹备工作已经接近完成。

三 接待周总理参观

四月七日上午九时许，那是一个星期日的上午，展览会的布置已接近完成，同志们正在休息，展览会场只有我一个人在校对整理展品。忽然接到中南海打来的电话，说今天下午有一位处长级的领导要来展览会场参观。我说今天是星期日，同志们都不在会场。打电话的同志问："你是谁？"我说："我是常书鸿。"那人回答说："只要你来接待就可以了。请你在下午三时准备接待，不要外出。"我向历史博物馆延安时期的老干部张秘书汇报了上述情况，并请他下午三时一同接待。这天下午二时，我和张秘书来到午门楼上，望着天安门进口。当时天正下着蒙蒙细雨，两点半钟，我看到一辆小轿车从天安门朝着午门开过来，最后停在午门楼下，警卫员王山辉（现任甘肃酒泉地区军分区副司令员）先从车中走出来，并把他带着的一件淡蓝色雨衣，披在下车的首长身上。我和张秘书同时走到箭楼台阶上迎接。我们发现健步走上台阶的正是我们敬爱的周总理。他看到我们没有拿伞，站在细雨中等候他的到来，就马上把披在肩上的雨衣脱下来交给警卫员。我们见到总理，张秘书先为我做了介绍，总理马上紧紧地握住我的手，热情地看着我说："早已知道你了！……记得还是在一九四五年，我在重庆七星岗也曾看到你们办的敦煌摹本展览会……已五六年了，但那次只有一二十件展品，现在规模大得多了！……"我说："我也知道早在五六年前，总理就对我们的工作给予了支持和鼓励，正因为您的鼓励和支持，我们才得以继续工作。"这时总理满意地望着午门楼上大厅里张挂着的数以百计的摹本和展品及经卷文物等。它们引起了总理的关切和兴趣。

展品共分三个陈列室。

第一陈列室

序厅及敦煌文物参考资料。

一、总说明

二、敦煌文物参考资料

1. 本所于 1945 年在中寺土地庙发现的北魏写经六十八卷；

2. 唐代白描绢画菩萨像三幅；

3. 辽阳汉墓壁画残片（摹本）；

4.敦煌壁画残片（实物）彩塑摹本等。

第二陈列室

一、莫高窟地理环境与历史背景

二、莫高窟历代之代表作壁画摹本

1.北魏、西魏时代壁画摹本共二百五十六幅；

2.隋代壁画摹本共一百七十七幅；

3.唐代（分初、盛、中、晚）各时期代表作壁画摹本等共计三百六十五幅。

第三陈列室

历年帝国主义者劫夺敦煌文物罪证。

第一室中有一幅横批白底红字的大标语。标语前面写了"代序"二字，接着写了毛主席《在延安文艺座谈会上的讲话》片段："我们必须继承一切优秀的文学艺术遗产，批判地吸收其中一切有益的东西，作为我们从此时此地的人民生活中的文学艺术原料创造作品时候的借鉴。"总理在这个大标语前站着，仔细地看后说："毛主席在延安文艺座谈会上讲的这段话，今天看来仍然非常重要。全国广大的文艺工作者对于如何从人民生活中吸取养料，批判地对待古代民族的历史文物，从古代封建社会和现在资本主义的各式各样的创作中，批判地吸收其中对革命有益的因素，作为我们加工成为观念形态上的文学艺术是非常重要的……但在今天我们还有一个与帝国主义斗争（指抗美援朝）的任务。我们敦煌灿烂的文物，半个多世纪以来，在昏庸的清王朝和国民党反动派放任不管的情况下，受到了帝国主义者的掠夺和破坏！这个展览会起到了配合抗美援朝进行爱国主义教育运动的作用！我们自一九四五年在重庆见到你们初步的临摹工作时，就鼓励你们要在困难中坚持工作……直到今天看到你们如此丰富的业绩，我是非常高兴的！"我当时亲聆总理的教诲，感激得说不出话来，只是说了句："我们虽然做了一些工作，但离党和人民对我们的要求，还是很不够的！"总理爽朗地说："不，绝不是这样！你们长期在敦煌艰苦的环境中，做了不少工作。看了你们这许多临摹作品，想象敦煌艺术的发展，一定有一个全盛时期，我想请你讲一讲为什么会这样发展呢？"我说："我过去是学习希腊罗马时期西洋美术史的，对于祖国的艺术毫无所知，这几年虽然在敦煌用心研究，但我学习得很不够，只能简单地说说。因为敦煌艺术是汉魏以来佛教自印度传入后，中国民族造型艺术突飞猛进发展的结果。在此以前，中国古代艺术，主要表现为墓葬壁画、明器俑人以及祭祀时用的器皿等，留下了古代考古文物资料。自汉武帝派张骞出使西域后，随着佛教的传入，佛教艺术也相应地由天竺通过丝绸之路传入中国。使原来为封建统治阶级歌功颂德、举贤戒愚的主题内容，改变为宣传佛陀一生及佛陀在成佛之前的芸芸众生。只要善男信女一心念佛，人人都有进入西方极乐世界的希望！大乘佛教与早期印度教不同之处，在于它不分贫富贵贱，简单的念佛修行就可以得到解脱，所以佛教就越来越符合广大农民群众的希望和幻想，成为世界宗教之一。宣传这种来自印度难明难解的异国佛教教义，就需要用艺术的手段来加以烘染，这就是地处丝绸之路要隘的敦煌佛教艺术经过千余年的不断变化和发展，才能够留传给我们如此丰富而且灿烂的佛教艺术遗产的主要原因。"总理一直在注意听我讲，有时对着展出的摹本不断地点头。他对第428窟北壁北魏飞天的摹本感到笔触用色非常有力。他说："我看这和云冈、龙门石窟雕刻一样，其气势之雄伟，造型之生动，使我们体味到中国艺术的'气韵生动'四个字。从敦煌壁画摹本看来，表现得更加突出！"总理停了一刻继续说："当然，雕刻在石头上表现的是刀斧之功，这里在壁画上却是笔墨之力，南齐谢赫的'画有六法'是当时评选中国创作的标准。想不到在敦煌壁画中得到了印证！"总理对敦煌艺术的高论，使我茅塞顿开，欢喜赞叹，真是胜读十年书！总理现在又回过来看北魏第428窟董希文临摹的"降魔变"。他对这张画很感兴趣，他在仔细地欣赏魔兵外道的服装和魔女变丑妇的描写时说："这些笔触，颇有龙门二十品、魏碑上龙飞凤舞的气魄。"他说："有些神鬼的造型，使我想到——可能你也记得——巴黎圣母院屋檐上装饰着的怪兽的造型。"总理高瞻远瞩地一语道破了敦煌北魏艺术颇有罗马哥特式艺术的意趣，以及与十五世纪欧洲文艺复兴时期哥特式艺术交相辉映的关系。真是千真万确的论证。因为欧洲文艺复兴是希腊、罗马文明与欧洲中世纪比较落后的少数民族哥特人的原始文化相结合。这时候在中国，汉族文明与西北少数民族鲜卑族相结合而形成了中世纪北魏时代的佛教文化艺术。我向总理表达了自己肤浅的不成熟的看法，在这个意义上说，是否也算中国文艺复兴的一个征兆？从书法说起，殷墟甲骨文经过商、周、秦、汉、三国的发展，汉代的张芝，晋代的王羲之、陶渊明、顾恺之等在书法、文章、绘画各方面全面兴起的时候，也是敦煌石窟创始的时候。酒泉张芝也是驰名南北的书法家。敦煌石窟除壁画外，藏经洞保存了数以千万计的文书绢画，创造了无数的珍宝。所以我们可以说，敦煌世纪，实际上表征了中国文艺复兴一个世纪的产物。所以当时我大胆地在总理面前提出了"敦煌世纪"，正是标志着"中国文艺复兴的世纪"的不成熟的意见。总理笑着对我说："那也是一家之言罢。这一问题，我们必须要和研究敦煌学的同志们共同探讨，因为这关系到民族文化历史的一个严肃的学术问题，要大家根据研究成果，提出各自的看法，进行学术性的讨论。这是非常重要的，因为人家盗窃了敦煌的文化艺术宝藏，一到他们国度里就进行'敦煌学'的研究，而我们反默默无所作为，那我们还能算是一个中国人吗？"总理亲切的教导，依然像昨天刚讲过的那样留在我的记忆中。忆及一九五一年四月七日下午四时许，总理慈祥的笑貌和手拿总理雨衣在旁的警卫王山辉同志，仿佛是昨天的事一样。但时间迅速地流逝，已经是三十年前的事了！

这些我时刻记在心上，我深感到自己已是垂暮之年，尤其是总理逝世后，我一直想把总理对我们的期望告诉大家，但是我不能也不敢！因为在"十年内乱"中，"敦煌文物"被列为宣传迷信的毒草。江青明目张胆地说：敦煌艺术没有什么可继承的东西。

我在总理逝世后曾小心谨慎地写了一篇悼念总理的文章，还被人指着鼻子说，"有人利用总理逝世的机会写文章，名为悼念，实际上想借此机会抬高自己"。今天我敢于在这里大笔直书，是因为，第一，人民法庭对"四人帮"的判决已经在执行；第二，去年一个偶然的机会，我在河西列车上遇见了现今已五十多岁的王山辉同志。他主动地和我讲起了当年我和总理两个多小时谈话的情景。他说，总理曾把我们的谈话，记在他的小笔记本上。总理还说，"由我们中国人自己来钻研'敦煌学'，这一点是非常重要的"。在西方，"敦煌学"是由法国、英国、德国、瑞典、日本等国的人研究的。在获知敦煌石窟藏经后，法国汉学家伯希和（Pelliot），英国的斯坦因（A.Stein），日本的羽田亨，帝俄的柯兹洛夫、奥勃鲁切夫等，自二十世纪初（一九〇〇年三月开始）都争先恐后地来敦煌掠夺，把敦煌文书卷轴等据为己有，并集合上述各国汉学家从事敦煌文物的研究，成立一门专门学科名为"敦煌学"（Tunhuangology）。现在老一辈的人都已作古，各国"敦煌学"研究者已进入第三第四代的后辈。而我们则以过去的罗振玉、王国维、刘半农、王重民、贺昌群、向达、冯承钧诸先生为第一代，后来专门从事"敦煌学"的研究者很少。解放后，也有些从事敦煌研究工作的人，他们都是专一的研究中外交通史或敦煌佛教艺术的，连微观都谈不到。现在我们应该急起直追，要用宏观大局，去展开"敦煌学"的研究，才能适应四个现代化的要求。

总理在看到第 257 窟鹿王本生故事画，以及第 428 窟北魏舍身饲虎那一条用"之"字形连环发展的长幅故事画时，惊异地对我指出："这不是我们古代的连环故事画吗？这种用卷轴式横幅展开的连环画创作方式，为什么不为我们今天被称为'小人书'的儿童读物所采取呢？为什么在这方面不'古为今用、推陈出新'呢？面对如此宝贵的民族艺术遗产，你们应该当仁不让地振臂一呼，使敦煌石窟艺术宝藏在我们这一代获得新生。"面对总理对我们的鞭策和期望，我当时表示一定要把总理的指示在工作中贯彻下去。总理好像发觉了什么似的，望着我继续说："当然，工作是一步一步来的，你们七八年在沙漠中艰苦工作和生活，主要的任务就是保护敦煌文物，介绍宣扬敦煌文物，尤其是开凿长达一公里崖壁上的四五百个布满了千百年前古代艺术家创作的雕塑和壁画的石窟，从今天我看到的几百幅壁画摹本，已可看出，你们做了非常宝贵的贡献！古为今用，推陈出新的工作是需要我们大家来做的……"接着我继续给总理介绍敦煌隋唐盛世的大幅壁画。这段时期，标志着中国佛教艺术发展的黄金时代。隋代享祚的时间虽短暂，但敦煌地处丝绸之路中外交通要道，在（与）中亚南亚频繁的交往中，在民族艺术传统的基础上，传来了印度之外，希腊、罗马、拜占庭、伊朗的元素，在题材内容和表现形式上有了很大的发展，形成了中国封建时期隋唐美术发展的高峰！由于大乘佛教教义提出人们在苦痛和解脱面前完全平等的思想，隋唐壁画题材已由"净土变"大幅描写西方极乐世界的主题，代替北魏时比较盛行的《多伽本生经》。在敦煌隋唐壁画中，可以看到展子虔《游春图》这样的房屋台阁宫观山水树石胜似隋代精工细凿的壁画，还可以看到唐代贞观十六年画的"维摩诘变"壁画上《帝王听法图》，使我们想到阎立本精心刻画的《历代帝王图》，名画的气魄！从此可以证明隋唐时代中原画风的西去。总理对于敦煌隋唐金碧辉煌的壁画十分欣赏。他说："通过你们的摹本，我认识到：中国唐代壁画与佛教内容相结合之后，绘画题材广泛了。如名画《凌烟阁功臣二十四人图》《历代帝王图》，还有《外国图》，现在再看看东壁的'维摩诘变'，北侧画的汉代帝王和侍臣。南侧画的维摩诘身后的外国王子，与画史上记载着阎立本的《历代帝王图》《外国图》都相符合。这反映了唐帝国当时国势强盛、外国来朝的盛世情景。"

既吸收了域外的因素，又发挥了民族传统的敦煌唐代艺术，应给予很高的评价。我在一些飞天的摹本上强调了吴道子的"吴带当风"的飞天特色，也是根据这种吴带的出色描写，唐代及以后的飞天无不临风起舞，婀娜多姿，这表现了南齐谢赫所强调的气韵生动的特色。另一方面，我又向总理指出：与吴道子差不多同时专作佛画的画家张僧繇，他是以描写犍陀罗塑像的衣褶闻名的画家，那种僧人穿着紧贴在身上的袈裟的描法，被称为铁线描。因此，当时评论家以"曹衣出水"称赞曹不兴，而称宽松的衣褶为"吴带当风"。这说明了唐代很多著名画家都以佛画出名，也说明当时佛教艺术在朝野的风行。敦煌壁画中出现大幅"西方净土变"等构图，也在这个时期发生和发展起来。壁画中的所谓变相，是根据佛教经典，把其中所叙述的信仰中心，或是依据佛传或本生故事等的局部画出来。但经典内容讲教义的多，抽象难懂，画家挑选其易于表达的故事发生的地方或其他容易图表的部分表达出来。如"西方极乐世界"被描绘得像天上宫殿那样富丽堂皇。佛和菩萨、飞天、伎乐、七宝八珍等有声有色无不包罗在内，又譬如说某一尊佛以及他的侍从和他们在净土区域内种种活动，用一幅完整的构图表现出来……这样就使敦煌艺术成为丰富多彩的佛教艺术的宝库。总理对敦煌艺术予以高度的评价说：这是中国古代封建社会所创造的文化，通过你们长期在艰苦的环境中所摹制出来的作品。当然，在敦煌四百多个洞子中还有更了不起的东西，对于这些古代文化，我们必须像对待生命一样地把它们很好地保存下去。正如毛主席所说的，保存下去是为了批判地吸收它们民主性的精华，作为我们将此时此地的人民生活中的文学艺术加工成为观念形态上的文学艺术作品时的借鉴。另一方面，这次敦煌文物在北京的展览，让全国人民知道古代劳动人民的伟大创造，人民的伟大，祖国的伟大。

最后，总理跨入了第三陈列室——"历年帝国主义者劫夺敦煌文物罪证"，这里除了一张十九世纪帝国主义劫夺我国珍贵文化遗产的表格外，还陈列了被盗窃去的新疆和敦煌一带的壁画、绢画的照片百余件，还有重要的文书的照片等。总理说："这很好，这些铁一般的证据，雄辩地说明了帝国主义者近百年来用各种方法，巧取豪夺我们祖先遗留下来的珍贵文物，破坏我国的文化。为了保卫祖国，为了保卫祖国伟大的文化遗产，我们必须同仇敌忾，举国动员起来进行抗美援朝。这个展览会必将起到激发我们爱祖国、爱祖国灿烂文化的作用。因此，你们多年来在沙漠中艰苦工作，今天已在一定程度上起到了团结人民、教育人民、打击敌人的作用！"总理临别前还亲切地问到我们工作上有什么困难，并鼓励我们再接再厉，要一辈子在沙漠中把敦煌文物的保护和研究工作干

到底。我当时以激动的心情，向敬爱的总理作了坚决的保证。（上述引用总理的讲话是凭我的回忆整理的）

四　正式展出和授奖

敦煌文物展览会于一九五一年四月十日在北京午门楼上举行预展，招待中央政府有关首长及艺术文物工作者二百余人参观，十三日起正式公开展出。政务院文化教育委员会主任委员、中国科学院院长郭沫若同志于三月十八日亲临指导，并当场题字："这样大规模的研究业绩值得钦佩，不仅在美术史上是一大贡献，在爱国主义教育上贡献更大。郭沫若，三月十八日。"

展品分三室，除了第三室为帝国主义者劫夺敦煌文物罪证外，第一室展出有关敦煌学研究的参考资料，内部陈列了一九四三年辽宁省辽阳瓦窑子村西南所发现的汉墓中日本人临画的摹本二十幅和本所于一九四五年六月间在中寺土地庙神像腹中秘藏的六朝写经残卷六十八卷中的精品十六卷。这六十八卷敦煌写经出自修建于道光十一年（一八三一）的土地庙。土地庙建成六十九年后（即一九〇〇年），莫高窟藏经洞才被发现。这六十八卷全是六朝写经，大部分纸张白净，墨色焦黑，笔致遒劲有力，内容重要，确是极其珍贵的敦煌文物精品。第二陈列室展出莫高窟地理环境与历史背景和敦煌莫高窟历代壁画摹本。这次的一并展出引起首都中外参观群众的关切和注意。展览会开幕之日，由中央文化部领导沈雁冰、郑振铎等同志亲自作了引导说明介绍。外交部还特定了一个日子专门招待各国驻中国的使节和国际友人。一位瑞典公使兴奋地说："我国有一个敦煌学专家叫高本汉，他毕生研究敦煌学中的文书写经，在文字书法上做文章。但从来没有讲到有关敦煌壁画艺术的成就。可惜他已去世了，否则我一定要请他看看在敦煌学的宝藏中，还有这许多珍贵的佛教艺术遗产。"拥挤不堪的首都参观群众，第一次看到了千余年前祖国劳动人民在敦煌所创造的敦煌艺术和文物等宝贵的文化遗产；同时也看到了帝国主义劫夺祖国文物的可耻行为。热情的工农兵和知识分子在意见簿上纷纷表示了自己对祖国文物的爱护与对帝国主义者的无比愤怒。我没有想到七八年来我们在沙漠上的艰苦工作，今天在革命的建设事业中和抗美援朝的爱国主义教育中，起着如此积极的推动和鼓舞的作用。

当时《人民日报》除出了敦煌文物展览会一整版图画和文字的专刊外，还由柏生同志——《人民日报》记者——撰写一篇题为《艰苦工作八年的敦煌文物研究所工作人员》的专文报道，六月六日在展览会结束前，中央人民政府再一次隆重授予我们全体工作同志以奖金和奖状。奖状宽四尺高二尺，由潘絜兹同志画了敦煌唐代图案的边饰，由郭沫若副总理亲笔书写。

颁奖大会是在中国科学院礼堂举行的。会后还举行了宴会，到会的有科学文艺界李四光、王冶秋等四十余人（郑振铎因出差在外未能出席）。由我代表敦煌文物研究所接受奖状和奖金。郭老将奖状给我时还讲了鼓励我们的话，要我领导全所工作人员在党的领导下，再接再厉地为敦煌文物的保护和研究工作做出更大更好的成绩来！

奖状不幸在"十年内乱"中为"四人帮"在一九六八年一次对我的批斗会上画了两个大叉叉，一九七八年在北京第一次全国文联扩大会议上根据群众的意见，才由苏州美术工厂同志用泰山石精心刻制了一块碑石，现存敦煌文物研究所陈列馆内。

五 访问印度、缅甸

一九五一年秋为了促进中印、中缅两国人民间的友谊和文化交流，应印度和缅甸两国政府的邀请，我国派出一个文化代表团访问印度、缅甸。代表团由三十多名从事科学、文化事业的专家组成。丁西林和李一泯为正副团长，刘白羽为秘书长，团员还有郑振铎、季羡林、冯友兰、钱伟长、狄超白、张骏祥、周小燕、吴作人等，我也被聘为代表团成员。

这是新中国成立以来规模较大的一次代表团出访，为了保证这次加强与邻邦之间文化联系和友好交往的访问成功，我们在北京集中进行了三个月的学习、研究和进行必要的准备。在此期间，敬爱的周总理曾对我们作了多次亲切的指导。有一天，他笑着对我说："你这次带着敦煌艺术去印、缅访问，既要'献宝'，也要'取经'。看来你的任务不会比唐代高僧玄奘西游轻多少呀！"总理的教导，给我宝贵的启发和鞭策，也给了我信心和力量。这次学习准备期间，还对中印、中缅两国文化艺术悠久的历史渊源及密切的交流关系有了新的认识。

过去，我们由于各种因素、条件的限制，对敦煌文物涉及的历史、美术、宗教、中西交通、民族关系等方面的问题很少下工夫研究，尤其对来自印度的佛教和佛教美术的演变、发展情况，研究得更不够，只是凭一些书籍、资料获取理性知识，缺乏具体的感性知识，这次受到党和国家的委托，我能亲自去实地进行考察和学习研究，真是机会难得，一定要像总理教诲的那样既"献宝"又"取经"，进行文化交流。

一九五一年十月至一九五二年一月，我们在印度、缅甸分别进行了为期两个多月的友好访问。我们携带的展品有介绍新中国面貌的各种图片，有一批珍贵的美术工艺品，有新中国成立以来的电影片和敦煌壁画摹本等。访问期间，我们参观了印、缅两国数以百计的文化古迹、学校以及艺术、科学等有关单位。在印度德里、孟买，缅甸的曼德勒等城市，分别举办了新中国建设成就和敦煌艺术展览。配合展出，我们又举行了各种学术性的座谈会、报告会。

我根据组织上的安排，在印、缅都作了敦煌艺术的介绍及学术研究报告，并和印、缅的有关人士进行了友好的文化学术交流。

印、缅人民对敦煌艺术展览和学术报告都很欢迎，他们对中国还完好地保留着如此完整、悠久的佛教艺术，感到非常惊讶，表示敬佩。如第 61 窟宋人画的佛传故事《燃灯佛授记》《乘象入胎》《树下诞生》《涅槃》《分舍利》等三十二幅壁画摹本，他们赞美这是全世界佛教艺术中的盖世之宝，珍贵至极。特别是画中人物，服装都改成了宋代的民族服装，并以中国的绘画艺术风格，描绘得生动自然，栩栩如生，使他们赞叹不绝。

在和印度朋友的交谈中，印度当时的国家考古局局长深有感触地对我说："你们至今完好地保存着敦煌四百多个自四世纪到十四世纪的宝窟，壁画的颜色也还如此鲜明艳丽，真令人羡慕。而我们，虽然有阿旃陀那样世界闻名的佛教艺术宝库，但只有二十九个洞窟保留了一些残破的壁画，就是这点残存的壁画，在英国人统治时期，以保护为名，被全部涂上了凡纳西（一种清漆），结果已变得黄褐一团，什么也看不清楚了。"说到这里，他露出十分伤感的表情。他最后愤慨地说："这说明我们印度过去没志气，样样都听任外国人的摆布，连自己的国宝都保存不好。"

我告诉他说："在国民党统治下的旧中国何尝不是如此呢？我在一九四二年临去敦煌前，当时教育部高等教育司司长吴俊升那时刚访问印度回国，曾亲口指示我，要我按照英国人对印度阿旃陀涂凡纳西的办法，把敦煌的所有壁画也都涂上凡纳西。我当时表示，我是一个画油画的人，对于油画上涂凡纳西的办法很没把握，事关重大，最好不要轻率采用。他脸上露出很惊奇很生气的神色，似乎说，你居然连英国人的技术也怀疑吗？到敦煌后，我还是没有'遵旨照办'。这才使敦煌艺术免遭了一场阿旃陀的厄运。"

我最后很激动地对印度朋友说："现在，新中国成立后，政府对敦煌艺术文物十分关心、爱护，对我们文物工作十分重视。目前已大力增加经费和人力、设备，对敦煌进行大规模研究、保护工作。我们一定把敦煌文物保护得更加完好。"他们频频点头称赞："毛主席真好！新中国真伟大！"

这次友好访问，对新中国和邻邦之间的文化艺术交流和增进友谊联系做出了一定贡献。对我自己，则开阔了眼界，增加了很多有关西域佛教和佛教艺术的感性认识，对今后研究祖国的佛教艺术提供了十分有利的条件。

六 敦煌艺术在日本展出

一九五七年末至一九五八年初，应日本《每日新闻》社和日中文化交流协会的邀请，我们敦煌艺术展览工作团一行四人访问了日本。一月五日至二月十六日，敦煌艺术展览先后在东京和京都展出。我为团长，李承仙作为团员也同行。

这次共展出三百多件摹本展品，其中包括第 285 窟整窟原型摹本。在一个多月的展出期间，受到十万多人次的观摩和赞赏。

广大观众特别是日本文化界同行的热烈反应，给我留下极其深刻的印象。

在东京展览会场上，我见到了《敦煌画研究》的作者松本荣一先生，他紧紧地握住我的手说："今天亲眼看到你们这样丰富的艺术展览会，我才感到我知道的敦煌艺术真是太少，太片面了。我只是根据伯希和的《敦煌石窟图录》和斯坦因的有关敦煌报告中的插图，写成这本书。我所依据的那些照片，都是很小的，单色的黑白照片。今天看到你们原大原色的杰出摹本，我受到很大启发。感谢你们这次展出。"

日本美术史家今泉笃男先生说："我们多少年来埋头于埃及、希腊、罗马等西方古代美术史的研究，了解西方世界人类艺术创作演变的历程，却没有料到敦煌北魏时代壁画具有那样朴实浑厚而又富于表现力的风格。在这种风格中，不但可以寻觅到汉晋绘画中气韵生动的传统，而且可以看出北魏早期敦煌壁画那种大刀阔斧的气魄，可算是二十世纪现代派绘画的祖先。"

日本现代美术评论权威柳亮先生说："从敦煌早期壁画中，可以体会到埃及墓中壁画的风尚；可以看到拜占庭艺术；可以看到罗马艺术风尚……不管希腊、罗马艺术如何崇高……我说敦煌艺术是虎虎有生气的东方人类文明的曙光，是二十世纪现代绘画的祖先。"

考古学家驹井和爱教授说:"战后日本青年,一味崇拜希腊、罗马……好像东方没有什么古代文化可以学习研究似的,在参观了敦煌艺术展览之后,他们都惊叹敦煌艺术的高超,同时也认识到自己过去崇拜西方文明的盲目性。有些人看到敦煌唐代壁画艺术后,才进一步认识到古代日本和中国是同文同艺的。原来日本飞鸟、奈良时期的古文化即是从中国隋、唐时代传来的。日本法隆寺阿弥陀净土变中的佛、菩萨像与敦煌壁画俨然同出一体……这一切,可以说是历史的见证,今后,我们应该面向东方,在东方民族文化基础上发展我们的新文化。"

日本考古学界权威原田淑人博士说,敦煌艺术是日本艺术的源泉。日本天皇裕仁的弟弟三笠宫先生参观后说,敦煌艺术是日本美术的原型。日本《每日新闻》还刊出了《敦煌——东洋美术宝库》专页。日本友人还将日本八世纪到十七世纪千余年间著名绘画与敦煌相应时期绘画相比较,把它视为研究中日文化交流的非常有说服力的资料。

通过座谈、讨论、讲演以及广播、电视、出版物等渠道,我们与日本的朋友进行广泛的交流,收益很大。

七　加强敦煌文物保护工作

自从本世纪（20世纪）初石窟藏经洞被发现以来,从愚昧贪吝的王道士手中断送给帝国主义分子和当地官僚地主们的文物有二万多卷。新中国成立前，在反动政府的默许和纵容下，敦煌文物被奸商恶霸作为捐官致富的工具。有一个时期还出现流散在民间的文书写经以尺寸、以行字来零星沽售的市场和伪造敦煌文书的作坊。

现在，由于一系列新的文物政策法令的发布，由于广大人民群众对于文物有了新的认识，不少人把家中老人留下来的一些零星文物，都主动送到研究所来。有一位县城中药店的店员，主动无代价地把祖父收藏的出自藏经洞的两幅唐人画的白描菩萨绢画献给研究所收藏。新中国成立初几年中，由捐献和收购来的文物有：一卷唐人写的著名的《说苑》，汉玉门关址出土的《敦煌长史》的泥封印和有题记的汉简，唐代天宝年间胡奴多宝的买人契，宋代木制回鹘文活字，元代也的米失买人契，等等。

从一九五一年起，研究所保护工作的重点从防止人为的破坏转移到防止自然的毁损方面来。

敦煌石窟修筑在一种由卵石和钙化沙土结合的岩层上，属于第四纪酒泉系的砾岩。地质年代并不太远，但易于风化散落。幸亏这里地处西北高原，雨水极少，否则在雨水冲刷之下，这里恐怕早已遭受到毁灭性打击了。对敦煌文物最大的威胁是来自一年春冬两季的大风沙，风势持久而凶猛。有时往往一夜风沙大作，就在廊道上或窟洞上形成一座沙丘，阻塞交通，甚至导致洞窟崩坍。而洞窟内经常性的危害还有壁画的色彩和纹样被磨灭、起甲和霉烂。

针对这种情况，在中央文化部、文物局支持下，在古建筑维修专家们的帮助下，我们开始对敦煌石窟采取治本与治标相结合、临时与长久相结合，由窟外至窟内逐步进行抢险和加固的工程。窟外部分，分成抢修和加固岩壁、设置洞窟门窗、修造防沙墙、植树造林等几个步骤进行；窟内部分，又分成采用高分子原料化学混合液的注射和铆钉加固等，消灭近年日渐严重的画壁酥松、起甲、发霉、脱落等现象。这些措施虽然暂时解决了一些问题，但高分子化学原料作用并不能持久，看来仍需要进行新的试验和探索。

我们首先抢修了五座宋代和唐代的岌岌可危的窟檐木构。我们还对石窟群的整个状况进行了一次普查，根据普查结果制订出一个全面整修的初步计划。为了弄清地下埋藏情况，由南至北对底层进行了一次全面电测。对危险洞窟，我们采用花岗岩石柱承重办法，修建了一条一百二十一米长的永久保固的窟檐横道。我们用塑胶化合物卡赛因和阿古利拉等液体注射法进行试验，成功地粘补了一座严重起甲的洞窟的壁画。对于重点洞窟，我们安装了温湿度测验的装置，岩壁开裂的观测装置，以及防风沙的风速风向的小气候测验装置，等等，初步建立起了一个保护石窟安全的装置系统。通过上述装置得出的记录数据，逐步建立了石窟保护和研究工作科学资料的档案。

由于壁画长时期被封闭在空气不流通的洞窟中，以及岩壁本身因气候变化蒸发返潮等原因，壁画出现酥碱、龟裂、起甲及大面积脱落等病变。据统计，损毁壁画约占石窟全部壁画总面积的六分之一，约七百四十一平方米。因此，壁画的加固和维修工程是一个大量的、刻不容缓的任务。我们用高分子溶液和矾胶水注射，效果很不错。

一九五九年，为了进一步推进全所的工作，我向中央文化部写了一个报告，详尽地提出了如何加强保护石窟群的壁画、彩塑，如何防止石窟崖层上鸣沙山向前移动，危害石窟寿命等问题。这个报告受到文化部的重视，后来派了一个由文化部副部长徐平羽为首的，包括治沙、古建、考古，以及有关出版和电影摄制等十余个专家组成的敦煌工作组，来到莫高窟进行现场考察和研究。

工作组经过一段时间的工作，初步解决机械固沙、壁画补修复原、抢救危险洞窟的理论方案，以及有关我们研究资料的出版和彩色纪录片的摄制等问题。同时，请有关专家作了"石窟艺术的特点和价值""壁画和塑像的保护问题""关于千佛洞治沙防沙问题""敦煌莫高窟全面抢修工程"等很有启发的学术报告。工作组的上述工作，不仅解决了研究石窟保护的理论问题，也解决了抢修工程的实际问题。我们了解到，由于年久失修，险象环生，只采取零星修补的办法是无济于事的，必须尽早进行全面的抢修工程。

一九六一年，莫高窟被国务院宣布为全国重点保护文物。

在敬爱的周总理亲切关怀下，经过周密的勘探设计和研究，最后由国务院批准，拨给一笔相当可观的巨额经费，由铁道部第一工程局桥梁工程队承担莫高窟的抢修任务。

为了确保工程质量，铁道部从全国各地抽调了一百多个富有实践经验的桥梁隧道工程师和技术工人，他们共同研究，制订出了一个抢修工程的方案。根据这个方案，工程既要达到加固崖壁保证石窟的安全的效果，同时还要保持古建筑的艺术形式与石窟外形的和谐。

从一九六三年至一九六六年，工程分四期进行。工程范围包括石窟群的南北两区，总共约有四千零四十米的长廊，其中加固了一百九十五个石窟，用钢筋混凝土预制梁臂和花岗石大面积砌体，对三百六十多米的岩壁和三十余处有严重倒坍危险的洞窟做了彻底的加固。

这是一次史无前例的全面加固工程，其不但使洞窟结构得到永久性的加固，同时，在有些地方加深甬道，脱胎换骨地更新了风化的岩壁，彻底解决了石窟经常遭受风沙、雨雪和日晒侵蚀危害的问题，从而防止了壁画变色脱落等病变的产生。

修复竣工的莫高窟，如今，以崭新的面貌出现在人们面前。

那布满鸣沙山崖壁上的四百九十二个洞窟上下四层之间，都已用钢筋混凝土浇筑预制的护栏回廊连通起来，唐代莫高窟全盛时期的那种巍峨壮观的"虚栏栈道"可惜只见诸文献记载，如今，当人们沿着牢固美观的回廊尽情巡礼浏览时，除了感到上下崖壁交通的安全便利以外，多少也能领略到千佛洞繁华盛日的风采和气派吧。

在进行文物保护工作中，我想起一件在艰苦的工作条件下的意外发现。那是我刚来千佛洞的第二年，由于重庆国民党政府教育部的不负责和拖欠，经费奇缺，工作和生活条件异常艰苦。为了维持日常必需的城乡之间的联系，我们又凑钱低价买了两头毛驴和一匹老马。因找不到储存牲口草料的库房，负责喂牲口的同志异想天开地看中了中寺后院修建于道光年间的一个三米见方的土地庙。

庙里并排坐着财神、土地、龙王三个塑像，艺术价值不大，但作为文物在未过细鉴定之前，还须妥为保存。因此，在我的再三叮咛下，他们决定把神像搬离土台子保存，却意外发现，每座神像都用一根木料作为中心固定的支柱，有人认出是桃木，据老乡们说是鬼怕桃木，可以避邪的缘故。神像坯子一般用草和泥捆扎。但当我们把桃木抽出后，发现是用古人的写经，紧紧地捆扎在桃木上，也没有用泥水，经文保存得很好。粗粗检视了一下，这些文书很可能是一千五百年前的北魏人手写的佛经。令人惊奇的是，这些写经的米黄色的纸张又细又薄，好似刚从纸厂里生产出来的一样，而且墨色晶亮，笔画清晰遒劲。如此的纸光墨气真是令人惊倒。

记得这天是一九四四年八月三十日。当时恰好来了几位重庆文化界的朋友，其中有著名的考古学家夏鼐、敦煌艺术研究者向达和阎文儒等专家。这个发现惊动了他们几位专家，在他们指导下，我们对这些文书进行了初步整理。

根据纸张、书法和有明确题记年代的标准进行推断，肯定了这些文物乃北魏人的写经残卷，共六十八卷。其中有兴安元年（四五二）五月十日谭胜写《弥勒经》、前凉和平元年（三五四）十一月六日唐丰园写《孝经》和《毛诗》（即《诗经》）残页，太和十一年（四八七）五月十五日写《佛说生死得度经》，以及六朝职官花名册等经卷杂文共六十八种。

这次发现，是继一九〇〇年震动世界的敦煌石窟藏经洞之后的又一次重大发现。经卷数量虽然不多，而且也出自偶然，但它的意义是很大的。

据现已去世的一位当时七十岁的上寺住持老喇嘛尹昌恕回忆，土地庙和上寺同时建于道光十一年（一八三一），六十九年后的一九〇〇年石窟藏经洞被发现。这就可以断定，这次新发现的文物，绝不是第 17 窟藏经洞里的东西。那么这些经文是哪里来的呢？这就给我们提出了一个很有意思的问题：在第 17 窟藏经洞发现之前，是否早有过类似的发现!？在这里的石窟群中，今后可不可能再有新的藏经洞发现？当时在我所做客的夏鼐等专家和我们都对这几个问题感到很有兴趣。

但是，不管能不能发现新的藏经洞，有一点可以肯定，今后的发现绝不会再出现任人盗劫抢掠的现象了！

八 进行大规模的临摹工作

一九五一年，敦煌文物研究所成为中央文化部文物局的直属机构。以后，研究所的工作，不论人力、物力、财力都得到了加强，同时，在工作和学习上，也能及时地得到中央方针、政策的指引。通过学习中央政策精神，我们明确了对文化遗产的保护工作是我国今后经常性的文化建设的工作之一，消除了一些人怕被人把保护敦煌文物工作说成维护封建迷信的顾虑。

一九五二年，中央文物局指示我们："敦煌艺术的临摹工作是发扬工作也是研究工作。要了解壁画遗产，必须寓研究于临摹之中，通过临摹来熟悉古代艺术传统，从而古为今用，推陈出新，才能进一步发扬优秀的艺术遗产。"这样，临摹工作被提到议事日程上来。

临摹工作在新中国成立前我们也做了一些，但由于那时处于无人过问的困境，物资、器材、经费都很缺乏，临摹工作受到很大限制。如纸张、颜料，量少质低，只好采取缩小比例的临摹方法，除少数代表性作品外，一般都采取缩小原件二分之一或四分之一的方法临摹。有的则只是临摹主体部分，如"飞天"图案等等。一九五一年在北京的首次展出中，一些观众和专业人员曾提出批评和希望。有的观众看了优美的"飞天"摹本后便问，这些"飞天"在壁画的什么地方？占多少面积？在"飞天"旁边还有什么东西啊？一些专家、学者则希望能看到完整、原色、原大的壁画临本，以便研究。

现在万事俱备，更来"东风"，党和国家不仅为我们提供了物质条件，又给我们下达具体要求，不但要对千佛洞的重要作品作原大原色的严肃客观的临摹，而且还要作记录性的全面摄影。我们都为此任务兴高采烈。

为了提高临摹工作的质量，我们不但要研究掌握这些壁画的艺术技法，如用色用笔，建筑物和山水树木的布局，而且还要研究熟悉作品的主题内容、时代背景。这就需要研究有关的美术史、佛教史、图像学、哲学、社会学、历史等等专业资料。在上级领导的大力支持下，我们在很短时间内，从国内外购置了一大批重要的图书参考资料，开始成立了一个初具规模的图书资料室。以后我们通过不断和国内外进行资料交换，到目前为止，共拥有两万多册有关敦煌研究的专著和两万多幅有关照片。中国科学院竺可桢院长还把失散国外的写经文物复制成显微胶卷，赠送我们，丰富了我们的资料。这些图片、书籍资料，对我们的学习、研究工作和完成临摹任务起了很大作用。

鉴于我们在新中国成立前临摹工作中，由于颜料劣质，有的甚至用泥土代替，因而出现不少摹本已严重褪色变色现象，上级领导指示我们，一方面要加强对敦煌壁画至今颜色不褪不变的科学研究；同时，为了保证摹本质量，必要时可采用石青、石绿、朱砂、赤金等一批贵重颜料。这些名贵颜料是我们在新中国成立前从不敢奢望的，当拿到这批颜料时，大家都很激动。北京故宫博物院还支援了我们一批他们珍藏的矿物色颜料。地质勘探队的同志们也热情地送来一批朱砂等贵重的颜料矿石，供我们研制成品。为此，我们还添置了一套手工和电动两用的球磨机。

一九五二年，我们在做好准备工作后，集中研究所内有多年临摹经验的同志，开始了整窟原大原色的临摹工作。经过认真研究讨论，我们决定首先从第 285 窟开始工作。这个窟是保存比较完整的西魏时代有代表性的洞窟，里面有西魏大统四年至五年（五三八至五三九）题记，历史价值和艺术价值都很高。一九二五年，美帝国主义分子华尔纳曾第二次窜到千佛洞，企图把这个洞窟的壁画都剥离盗走，他的可耻行径遭到当地劳动人民的愤怒抗拒，华尔纳无法下手。第 285 窟才得以保存至今。我们想，现在把整个壁画全部原色原大临摹下来展出，不但可以使全国人民和国际友人了解我们祖国的伟大艺术遗产，同时也是揭露帝国主义分子华尔纳之流破坏盗窃敦煌文物的有力证据。

这是新中国成立以来我们第一次完成党和国家交付的大的临摹任务。我们满怀激情地把它当作一项重大的政治任务来对待。经过六七个同志夜以继日的忘我劳动，用了整整两年的时间，第285窟原大原色的巨大模型壁画摹本终于顺利绘成了。

这件大型摹本，精细、逼真、原色原大，三百二十七平方米的古代壁画跃然纸上，曾先后在北京、上海和日本的东京、京都等地展出，受到观众热烈欢迎和高度赞赏。他们认为，这件作品规模之大、内容之丰富、工艺之精细逼真，可谓壁画临摹工作中的一个极其出色的成就。

文物局又指示我们：业务工作必须在原来的基础上提高一步，要在短期与中国科学院有关研究所，以及文物古建所等，共同研究，做一套长期的保护和研究计划，分期逐步实施。在研究工作方面，首先要做好科学的全面整理工作，先编写敦煌艺术研究通史，然后再根据具体资料进行有关文物、文艺的专题研究。为了实现上述计划，配合研究出版任务，必须具备一套摄影器材和摄影专职干部，并且要有必要的电源，以便在石窟内工作和参观。为了改善职工生活和工作条件，一九五四年文化部批准专款，购置了一架十五千瓦的发电机和一部电影放映机。配备了一个卫生员，并办起了托儿所，购置了儿童生活用品和玩具。中央文化部拨给一辆吉普车，还置备了摄影器材，并从北京调来专职的摄影工作人员。

新的工作和生活条件的积极创设和改善，正说明党和人民政府对于长年在戈壁滩上从事石窟研究和保护工作的人员的关怀和支持。回想我们在一九四二年初来莫高窟时要坐八九小时牛车才能从县城到达千佛洞的情景；回想一九四八年李承仙同志为了完成第 61 窟 13.3 米长（的）五台山全图的临摹，在四米高的桌椅（由板凳捆起来的）架台上工作，在黑暗和高寒的环境中（自一九四八年到一九四九年），经过两个年头所完成的七十四平方米的壁画五台山摹本的情况，真是使我感慨万千，感激得流下泪来。记得千佛洞正式发电的那天，是一九五四年十月二十五日，我在日记上写道：发电机运到后，经过几个月紧张的外线立杆和内部电灯的装置，发电机在千佛洞正式发电放光的日子终于到来了！为赶工作，也是为了"尝新"，美术组全体同志，自愿在新安装好电灯的洞窟中，做石室有史以来未曾有过的夜间加班工作。提前吃了晚饭，大家都在洞窟中新安装好的电灯下守候着，等待发光！电工规定下午六时发电，在这之前，千佛洞还是那样静寂，人们等待的时刻终于到了，自远而近，隆隆的发电机声划破沙漠上的长空，忽地，说时迟，那时快，从中寺经过古汉桥，所有的电灯，一下子同时发出晶亮的电光，使千余年前的石窟内的壁画和彩塑顿时散发出从未有过的灿烂的光辉！在这个莫高窟具有历史意义的时刻中，我激动得从这个洞子跑到那个洞子，找到有灯光的洞窟我就停下来看那色彩灿烂的石窟壁画艺术，有时还要看一看漫漶的壁画题记。最后走进一个照得如同白昼的洞窟中，看望一个正在高架上临摹壁画的女同志，她手中拿着画笔，激动地望着微微有点闪烁的日光灯管，我注意到她那双因为长期在暗黑的洞窟中工作损坏了的眼睛，这双被强烈的电灯光所照耀、张不开的眼睛，看着我……我迎着她的目光情不自禁地问道："这个电灯好吗？"她久久地没有回答，只见她微笑的脸上挂着两行泪珠。我体味到这是幸福和激动的泪珠！这个景象使我回想到四五年前，敦煌解放初期，在城内看到英雄的人民解放军，在土墙上用土红书写的"共产党和中国人民解放军是中国人民的大救星！"的标语，一队队勇往直前的队伍，好像冲破黑暗的大火光一般，予中国人民以光和热，带来无尽的快乐和幸福！

九　研究工作顺利开展

敦煌艺术研究工作，在大规模的临摹、摄影、保护等工作进行的同时，作为一项更重要的工作开展起来了。

根据中央文物局的指示："敦煌艺术的临摹工作既是保护文物的一种手段，也是分析研究古代艺术遗产的演变发展的重要实践。"近年来，我们在进行临摹工作的同时开展研究工作，收到很好的效果。

在临摹中，通过对壁画中的人物、山水、花鸟等的描绘、着色、勾勒、烘染等，可以看出这些壁画的无名作者，在封建统治者的奴役压迫之下，如何运用他们的智慧才能，突破宗教和佛经题材的种种清规戒律，在民族绘画传统的基础上，汲取外来特点创造出具有新颖风格的作品。它们既富于时代特点，又富于现实生活的浓厚气息；既表达了对邪恶的批判，又展现了对美好生活的无限憧憬。从中可以看出他们高度的艺术造诣和创造革新的精神。这些作品在千年后的今天，仍然展示着栩栩如生的艺术活力。

但是，敦煌艺术又是以宣扬佛教为主要内容的宗教艺术。正因为这些艺术又以生动、丰富的艺术形式出现，具有巨大的感染力，因此，也就更富有一定程度的迷惑性和欺骗性。

从五十年代末到六十年代初，全国各地的大专院校陆续为我们研究所输送了一批大专毕业生，更加充实了我们的技术力量。他们与有多年工作经验的老职工一起，共同对这个浩如烟海的古代艺术宝库进行认真的探索和研究，使工作更顺利快步地向前推进。

敦煌的北魏壁画，出自五胡十六国鲜卑族画工之手，他们有粗犷放达又富于汉画传统的生动笔触，那吸取来自印度的佛教菩萨飞天的艺术形象，还带有域外袒胸裸臂的风尚。但发展到隋代的壁画人物，线描已趋向细致圆润，一改早期的粗犷之风。正如中国画史所说，隋代画家展子虔的人物描法甚细，隋以色晕开。而且隋代的敦煌壁画中不惜采用大量的赤金、白银、石青、石绿、朱砂等贵重颜料，这一切正揭示了隋代皇帝的穷奢极侈和利用宗教麻醉人民之一斑。一直到唐、宋、元各代，敦煌壁画的民族绘画传统，进一步显示了中原民族绘画传统的特点。这也充分说明古代艺术匠师们，如何智慧地通过去芜取菁，外为中用，使敦煌艺术成为广大人民喜爱的古代民族艺术宝库。

为了贯彻古为今用、推陈出新的方针，我们也进行了绘制有当代特点和内容的壁画创造的尝试。

中国古代美术史，各代只见诸一些零散的文字材料，而作品实物流传较少。敦煌艺术可以说是稀世的伟大艺术存在。它是宗教艺术，但也是民族的民间艺术。虽然有人至今仍否定它是正统的中国民族艺术，但征诸中国画史，和近年出土的汉唐墓室壁画，便不能不承认敦煌艺术是四世纪到十四纪一脉相承的民族传统艺术。敦煌壁画就其制作技术方法（而言），当然与传统的宫廷卷轴画大不相同，但它所反映的粉本技法还是足可代表各朝代的民族风格的。

这是一个包括从北朝到元代一千多年的丰富多彩的有四百九十二个洞窟的沙漠画廊，它系统而完整地填补了《历代名画记》和《图画见闻志》等中国著名画史所空缺的插图图录，补充了宋、元以前就散失了的历史名画真迹。它本身堪称中国中世纪的美术史。由于它的存在，我们可以上接汉代出土墓室的壁画，下连永乐宫、法海寺等地的明代绘画和清代绘画，一直和近代衔接起来。这样，通过敦煌这串璀璨的艺术明珠，串联成一部完整的以国画为主的中国美术史。这对我国今天的艺术发展具有重大的现实意义。

（宋光明整理）

出版后记

汇聚名家名作、传承人文思想是湖南文艺出版社的传统。2017年，闻悉常书鸿先生毕生著作正在整理当中，经陈志明先生引荐，我社与常沙娜教授取得联系，并达成出版《常书鸿全集》的共识。随后，在诸多师友和研究机构的关心和支持下，《常书鸿全集》列入"十三五"国家重点图书出版规划项目。五年过去，全集文字部分几经补录、修订，图片不断梳理、甄别并扩容，十卷逐一成形，终于迎来付梓问世的时刻。

这套全集完整呈现常书鸿先生在敦煌学领域的非凡成就、在绘画艺术中的远见卓识，以及他饱含爱国热情、久经戈壁风霜的传奇人生。为方便读者领略常先生多种成果，查阅常先生各类作品，全集以文章所涉题材和体裁为分卷标准，分为如下十卷：卷一《敦煌莫高窟艺术》收录常先生关于敦煌莫高窟艺术的概述性文字，介绍其源流、内容和特点等；卷二《敦煌壁画漫谈》收录其关于敦煌莫高窟壁画、图案等的论著；卷三《敦煌彩塑纵论》收录其简述、研究敦煌彩塑时代特征和艺术成就等方面的文章；卷四《新疆石窟艺术》收录其对新疆石窟实地调查而写成的完整著作，介绍古龟兹国、古焉耆国和古高昌国这三个地区的石窟分布、创造年代和艺术特点；卷五《敦煌的光彩——常书鸿、池田大作对谈录》收录其与日本知名学者池田大作对谈的内容，涉及敦煌艺术和文化交流；卷六《敦煌，敦煌——常书鸿自传》收录其个人自传、大事年表和著述简表；卷七《从希腊到中国》收录其不同时期的译著、译作，主体内容为常先生受郑振铎委托，翻译的法国历史学家格鲁塞关于中西方文明的文化随笔集；卷八《真与美散记》收录其散文、艺术评论、书信等；卷九、卷十分别为《常书鸿画集》的上下册，上册收录其油画作品，下册收录其水彩、水粉作品，临摹作品和素描作品。为清晰再现常先生艺术成长、学术成就之路，各卷图文主要以发表、创作时间的先后排序。可以说，这套全集基本覆盖了常先生一生著述的各个方面。

需要说明的是，全集在编辑过程中，充分尊重常先生作品的本来面貌，相关文字尽可能参照敦煌研究院 2004 年所编的《常书鸿文集》，但由于汉语的发展、知识的更新，此套全集依据现行的出版规范，对相关内容进行了如下处理:(一)对错字、漏字、古字、异体字等进行订正;(二)对个别不准确的史实和表述,以"编者注"的形式予以辅助说明。

回望全集的出版过程，起步艰难，途中曲折，其间冷暖，难以言说。是常书鸿先生奔赴敦煌的决心，召唤我们排除万难、全力前行；是常先生坚守大漠的韧性，勉励我们埋首书堆、耕耘至今。这一路，我们始终被"敦煌守护神"的精神所滋养，也被诸多关心敦煌学成果整理的机构、人士所感动——饶宗颐先生、樊锦诗院长、柴剑虹先生百忙之中多次给予专业指导，常沙娜教授九十高龄仍为推动全集出版不遗余力，赵声良书记及敦煌研究院倾力支持画集编选、正文配图，霍旭初先生和新疆维吾尔自治区克孜尔石窟研究所为卷四提供大量照片，陈志明先生多年来持续发掘常书鸿尘封之作……另有许多无声或有形的扶助，因篇幅所限，无法一一致谢，敬请谅解。我们对诸位的诚挚谢意，已融入十卷书中，深沉，长久。

对于全集的编校工作，我们虽尽了最大的努力，但限于学识，难免存在疏漏、差错，恳请广大读者批评指正。

《常书鸿全集》项目组

2022 年 1 月